THE LEESOO SCHOOL, The Second overture to 'Zoological Fatalism'

ONE SHOT ONE KILLI

오자술 첨단 필살기

Zoological Fatalism

줄라지컬훼이털리즘 ZOO BOOK

原著 李修

編著 李昌壹

장서원 도서출판

- 차례 -

프롤로그
Zoo Book이란?

주북(Zoo Book)은 '줄라지컬 훼이탈리즘(Zoological Fatalism)'을 대신하는 말이다. '줄라지컬'은 동물이란 뜻이고, '훼이탈리즘'은 운명론을 가리킨다. 동물운명론. 아마도 이런 말이 이전에는 한 번도 없었던 것 같다. 이 책은 이수명리학의 직계문하사사과정에서 제한 출판된 바 있다. 대강의 내용은 이미 출간된 '레드북'을 통해서 확인할 수 있다. 한국명리학의 오리지널리티를 가장 강력하게 느낄 수 있는 분야다. 서양 점성술에서 황도12궁의 명칭을 수대(獸帶, zoodiac)로 표기하는데서 약간의 유사성이 있을 수 있지만, 그 의미는 전혀 다르다. 혹 우스갯소리로 요즘 사람들이 재미로 본다는 강아지나 고양이의 사주를 이야기하는 것도 아니다.

Zoo Book은 매우 강력한 책이다. 명리학을 처음 공부하는 사람이나, 이제까지 해왔던 사람들에게 Zoo Book은 놀라운 경험을 선사한다. 2가지 예를 들어 보자. 팔자술에서 병인(丙寅) 일주(日柱)의 여성이 해월(亥月)에 태어난 명식(命式)을 가지고 있다. 이를 인간관계로 나타내면, 월지(月支) 해수(亥水)는 남편이고, 일지(日支)의 인목(寅木)은 친정엄마이다. 인목(寅木)과 해수(亥水)는 합(合)을 이루고 있다. 이를 Zoo Book의 논리로 살피면, 인(寅)은 호랑이이고 해(亥)는 돼지이다. 호랑이가 돼지를 보자, 미친 듯이 달려간다. 호랑이는 돼지를 너무 좋아하기 때문이다. 처음 병인 일주의 여성이 사위될 남자를 데리고 오자, 친정 엄마는 참으로 호감을 느꼈다. 그러나 이윽고 호랑이는 돼지를 잡아먹는다. 혼인 이후 장모는 사위를 마뜩찮게 여기다, 이혼하게 되었다. Zoo Book은 이런 사실을 동물 생태학의 언어를 빌어, 병인(丙寅) 일주(日柱) 여성의 가족관계를 예측하고 있다.

다른 사례를 한 번 더 살펴보자. 아내의 입장에서 남편과의 관계가 어떤지를 파악하는 경우이다. 예들 들어 어떤 여자의 오자술(五字術) 명식에서, 본인은 닭띠로 유(酉)이고 남편 자리가 인(寅)이라고 하자. 여기에 Zoo Book의 논리가 개입한다.

유(酉)는 친숙한 동물의 상징으로 닭을 의미한다. 그리고 남편을 의미하는 인(寅)은 동물의 상징으로 범이다. 하지만 Zoo Book은 여기에 덧붙여 인(寅)이 여우라는 상징도 가지고 있음을 알려준다. 또한 명리학의 상식에서 유(酉)와 인(寅)은 서로 불화하며 다투는 원진(怨嗔) 관계라는 것을 보여 준다. 즉 부부사이는 불화하기 십상이다. 하지만 아내와 남편 가운데 누가 더 피해를 입고, 다치는지 즉각적으로 알려주지는 못한다.

여기에 Zoo Book의 논리를 적용하면, 아내와 남편의 사이는 여우와 닭의 관계에 놓여 있는 것을 단번에 알 수 있다. 자연계에서는 여우와 닭이 마주하면, 주로 여우가 닭을 잡아먹으려고 노릴 것이다. 혹은 닭장을 터는 여우를 생각해 볼 수 있다. 이 아내는 남편이 무섭다. 그래서 약자의 입장에서 지지 않으려고 발악을 한다. 남편은 여우이고 아내는 닭이기 때문이다. Zoo Book의 논리는 이렇게 간단하고 분명하다.

Zoo Book의 논리를 배우면, 명리학의 글자들이 1초내로 판독 가능하다고 한다. 지나친 과장이라고 손을 내저을 수도 있지만, 아니다. 이는 무서운 사실이다. 남편과 아내의 관계뿐 아니라, 부모, 형제, 자식 간의 관계 역시도 1초면 판독 가능하다. 그래서 '원샷, 원킬'(one shot, one kill)이라는 재치 있는 문구도 따라 나온다. 알쏭달쏭 어렵고 헛갈리는 명리의 미로를 한 방에 날려 버릴 수 있는 쾌감을 Zoo Book은 약속하고 있다.

이제 소개하려는 Zoo Book의 논리는 비교적 짧은 기간에 집중적으로 개발된 것이다. 세계적인 명리학자로 평가받는 이수(李修) 선생은 명리학이 심오한 깊이를 가지면서도, 누구나 쉽게 이해할 수 있는 만인의 언어로 재탄생하기를 바랐다. 그래서 명리학의 학문적 체계를 정돈하여 이해하고 소통할 수 있는 언어로 다듬었다. 또한 기존 명리학의 대명사인 사주팔자술의 체계와 고법명리학을 접목시켜서, 오자술이라는 새로운 한국의 명리학도 제시했다. Zoo Book은 이런 문제의식 속에서 기원전부터 전해져 온 십이지지(十二地支)와 결합한 동물상징을 새롭게 해석하고 있다.

Zoo Book의 논리는 신법명리학인 팔자술은 물론이고, 『달마일장금(達磨一掌金)』 및 『당사주(唐四柱)』 등이 기반한 고법명리학을 베이스로 하여 팔자술을 융통시킨 오자술에 두루 사용될 수 있다. 이에 Zoo Book의 팔자술 판(version)과 Zoo Book의 오자술 판을 구분하여, 팔자술의 기본을 익히고 이를 Zoo Book으로 해석하는 기법과 오자술의 기본을 학습하고 Zoo Book으로 해석하는 기법을 나누어서 제시한다.

열두 띠로 알려진 십이지지의 부호 각각에 세 마리의 동물을 상징적으로 연관시키면, 모두 36마리의 동물이 생겨난다. 여기에는 날짐승, 들짐승, 물고기, 곤충 등이 포함되어 있다. 그래서 금수(禽獸) 혹은 금충(禽蟲)이라고 한다. Zoo Book은 36금수의 상징적 의미를 통해서, 인간의 성정과 삶의 리듬을 파악하는 매우 유니크하며, 독창적인 성격을 가지고 있다.

Zoo Book의 논리가 사주팔자술이나 오자술에 더해지면, 어떤 이의 삶과 그의 성격이 불을 보듯이 환하게 드러난다. 그러니 강력한 이론이 아닐 수 없다. 늙으신 아버지와 그의 자랑스러운 아들이 결국은 연홍지탄(燕鴻之歎, 다른 쪽으로 향하는 철새인 제비와 기러기가 서로 만나지 못함을 탄식함)의 관계라는 서글프지만 냉혹한 삶의 실상이 Zoo Book을 통해 드러난다. 사랑하고 그리워하지만, 서로 다른 본성을 가지고 있기 때문에 한 자리에 살 수 없는 가족의 비애를 Zoo Book은 담담히 말하고 있다.

명리학의 본령은 자신에 대한 투철한 앎이다. 선학들은 이를 자각(自覺)이라고 했다. 자신을 분명하게 아는 사람은 세사(世事)에서 닥치는 사건들에 일희일비(一喜一悲)하지 않는다. 그의 마음은 평온하고 안정되어 있다. 한 때의 고통에 지배되지 않고 내일을 기다리며, 한 때의 즐거움에 안주하지 않고 또 다른 날들을 준비한다.

Zoo Book의 논리는 한 개인의 독창적인 생각에서 탄생했지만, 그 탄생의 결실은 이 땅에 사는 모두의 것이 아닐 수 없다. 한글을 사용하는 우리들이 세상 어디에서도 찾아 볼 수 없는 이 땅의 자생적 논리가 우리의 삶을 더 풍요롭게 만들어 줄 것이라 기대하며, 서른여섯 마리의 금수가 빚어내는 상징적 관계를 짚어보기로 하자.

2012년 임진년 윤삼월 청계산 아래에서

이창일

Ⅰ. 기초 이론

1. 오자술(五字術)이란 : 현대의 통합명리학

오자술(五字術)은 기존 사주팔자 명리학과 달리 현대의 명리학이라 할 수 있다. 오자술은 흔히 알고 있는 사주팔자 명리학이 탄생된 중국 송나라 시대를 훨씬 더 상회하여, 당나라 시대에 성립되었던 고법명리학인 삼명학(三命學)의 논리를 재해석하고 있다.

삼명학은 일간(日干) 위주의 사주팔자 명리학의 관점과 달리, 태어난 해의 육십갑자(六十甲子)를 기준점으로 한다. 가령 태어난 해가 임진년(壬辰年)이면, 이 사람에게 천간 임(壬)은 녹(祿)이며, 지지 진(辰)은 명(命)이고, 임진년의 납음오행(納音五行)인 수(水)는 신(身)이 된다.

녹(祿)은 한 개인의 명예, 봉록(俸祿), 신분, 권위 등을 주관하며, 이로부터 생겨나는 생업과 수입원을 뜻한다. 명(命)은 성취와 실패, 영고성쇠(榮枯盛衰)를 주관한다. 신(身)은 재능, 국량, 식견 등을 주관하며, 삶의 주체이자 이와 연된 되어 있는 혈연관계 등을 주관한다. 이 녹명신(祿命身)을 삼명(三命)이라고 하며, 이를 기준으로 설정해서, 태어난 월, 태어난 일, 태어난 시 등을 비교하여, 그 사람의 성격, 인간관계, 살면서 겪게 되는 여러 사건들,

더나가 일생의 영욕(榮辱)과 빈부귀천(貧富貴賤)의 파노라마를 해석하는 것이다.

그런데 이 삼명은 복잡하고 학습하기가 어려워서 점차 간이 한 형식과 해석법으로 대치된다. 이것이 중국 송대로부터 시작하여 20세기까지 줄기차게 이어져 온 소위 사주팔자이다. 학계는 이를 신법명리학이라 부르고, 삼명학을 고법명리학이라 구분 짓는다.

고법명리학의 시기는 서역의 불교가 동아시아의 땅에서 꽃을 피우던 시기이다. 특히 중국의 고유 사상과 결합하여 세계 불교 역사상 가장 독특하고 창조적인 선(禪)불교가 창립되는 시기이기도 했다. 이 선불교는 달마대사(達磨, Bodhidharma, 5~6세기 무렵)로부터 시작되었다. 그런데 이 달마대사는 불교의 연기법(緣起法)을 이역 땅의 동아시아 사람들에게 설명하기 위해 고심하던 중, 음양오행을 위주로 한 역술에 주목하게 된다. 그래서 달마대사가 창안한 것으로 알려진 『달마일장금(達磨一掌金)』이란 독특한 문헌이 성립된다.[1)]

『달마일장금』은 달마대사가 지은 원본은 전해지지 않지만, 당나라에 밀교(密敎)를 도입한 일행대사(一行, 683

---

1) 『달마일장금(達磨一掌金)』은 『달마일장경(達磨一掌經)』, 『간명일장금(看命一掌金)』, 『일장금(一掌金)』 등으로 쓰이지만, 여기서는 『달마일장금(達磨一掌金)』으로 서명(書名)을 통일한다.

~727)의 손에 의해 문헌으로 성립된다. 그래서 『달마일장금』은 불교의 세계관과 역술 즉 고법명리학의 한 지류인 성수학(星宿學, 점성술의 일종)이 결합된 독특한 성격을 가지게 되었다. 일행대사가 지은 『달마일장금』은 본래의 목적이 불교 교단에서 승려를 선발하기 위한 것이었다. 요즘 감각으로 말하자면, 일종의 적성검사나 심리검사 같은 것이다. 가령 태어난 연월일시와 부합한 12개의 별들을 살펴보면, 전생에서부터 업보(業報)로 성립된 특정한 의식을 간파할 수 있다.

일행대사는 10개의 식(識)을 제시하고, 이 가운데 1개의 식이라도 있어야 불문에 출가하여 승려가 될 자질이 있다고 보았다. 1개의 식도 없는 경우는 죄업의 뿌리가 깊어, 중생을 제도하는 승려가 될 수 없다. 그리고 10개의 식(識) 각각은 특정한 재능을 나타낸다. 예를 들어 방장식(方丈識)이라는 식이 있는 사람은 사찰의 운영이나 조직을 관리하는 경영에 특별한 재능이 있으며, 통천식(通天識)이 있는 사람은 귀신을 부를 수 있는 능력을 가진 사람이고, 소재식(消災識)은 불교 의례와 의식을 주관하는 재능과 잠재적 능력이 있는 자들이다.[2)]

『달마일장금』은 12개의 별들이, 특정한 개인이 태어난 연월일시(年月日時)의 네 기둥에 따라 4개의 별로 분배되

---

2) 원진량, 『일장금명리학』, 고려역학출판사, 2010 참고.

는데, 이 12개의 별들은 역술의 12지지와 상응한다. 이에 따라 천간과 지지 가운데, 천간이 없이 12지지만으로 한 사람의 명식(命式)이 구성된다. 그러나 역사적으로 이러한 『달마일장금』의 지식은 미미하게만 전해지고, 그 존재가 거의 알려지지 않았다. 그러던 중 최근 타이완을 중심으로 한 역술계와 일본 역술계에 일부 소개되었을 뿐이다.[3] 하지만 이 역시도 한국에서는 희소한 정보에 지나지 않았다.

그런데 한국의 전통에서 『달마일장금』의 흔적을 확인할 수 있는 문헌이 이미 존재하고 있었다. 이것이 바로 『당사주(唐四柱)』이다. 하지만 『당사주』는 직업적 역술인들에게는 다소 무시되는 문헌이다. 역술의 생명인 미래 예측에 있어서, 사주팔자술과 상대가 되지 않는다고 생각하기 때문이다. 강단에서는 민속학 분야에서 단편적인 소개만 있었고, 그것의 철학적 사상적 역학적 성격은 거의 무시되고 있었다.

『당사주』는 희한하게도 고법명리학의 여러 갈래들이 모여 있는 작은 백과사전 같은 것이다. 특히 불교의 영향을 입은 『연금두수삼세상(演禽斗數三世相)』 같은 문헌이 설파하고 있는, 동물의 상징을 통해서 한 사람의 명운(命運)

3) 중국쪽 문헌은 芝蘭, 達摩一掌經, 臺北:知靑, 2007. 增訂本達摩一掌金, 臺北:瑞成書局, 2010. 등 참고, 일본쪽 문헌은 羽田守快, 『密敎占星術大全』, 東京:學硏, 2011. 참고. 고전적 주석(註釋)은 에도(江戶)시대 역학자 바바 노부타케(馬場信武, ?~1715)가 1787년(天明7年)에 주석한 『看命一掌金和解』이 있다.

을 살펴보는 방식이 정리되어 있다. 그리고 『당사주』에서 제시되는 사주 명식을 제작하는 방식은 곧바로 『달마일장금』을 적통으로 하고 있다.

오자술은 『달마일장금』에서 제시된 사주(四柱)를 세우는 방식에 덧붙여서, 태어난 때를 보다 분석적으로 파악하기 위해 두 개의 주(柱)로 분화시킨다. 그래서 사주가 아닌 오주(五柱)를 세운다. 또한 태어난 해의 연주(年柱)는 지지만이 아니라, 그 해의 육십갑자를 모두 사용한다. 예를 들면, 『달마일장금』이나 『당사주』라면 임진년(壬辰年)에 태어난 사람은 그냥 진(辰)이라는 지지만을 사용하지만, 오자술은 천간과 지지가 결합된 육십갑자의 임진(壬辰)을 연주로 한다. 그래서 모두 여섯 글자를 통해서 한 개인의 명운(命運)을 해석하는 것이다. 이에 따라 오주육자술(五柱六字術)이 되며, 줄임 표현으로 “오자술”로 부른다.

게다가 연주를 이해하는 방식으로 고법의 삼명술(三命術)을 보다 단순하게 개변하여 사용한다. 가령 임진년(壬辰年)의 연주라면, 삼명은 천간 임(壬)의 녹(祿), 지지 진(辰)의 명(命), 임진(壬辰)의 납음오행 즉 임진(壬辰)과 계사(癸巳)는 장류수(長流水)에 속하므로, 오행의 수(水) 등을 통해 명운을 해석한다. 그러나 오자술은 천간 임(壬)의 녹(祿)만을 계승하고, 명(命)과 신(身)을 하나로 통합한다.

이 통합의 과정에서 납음오행은 채택하지 않고, 진(辰)의 삼합(三合)을 명(命)과 신(身)으로 삼는다. 오자술로 보았을 때, 임진년 생은 수명(水命)이 된다. 신자진(申子辰)의 삼합(三合)에 진(辰)이 속하고, 그 오행은 수(水)가 되기 때문이다.

또한 팔자술에 익숙한 사람은 경천동지할 이야기지만, 명식을 세우는데 『만세력(萬歲曆)』이 필요하지 않다. 『달마일장금』에서 제시된 「불수장결도(佛手掌訣圖)」의 순서에 따라, 왼손의 손가락 12마디만을 가지고 명식을 단번에 세울 수 있기 때문이다. 이 밖에도 많은 점에서 차이가 있지만, 그것은 오자술 명식을 세우는 방법을 통해 하나씩 짚어나갈 것이다.

무엇보다 오자술이란 고법명리학과 불교 사상이 결합되어 있으며, 신법명리학에서 개발되어 온 세밀한 추명(推命)의 기술이 더해졌다는 데서, 가히 명리학의 역사를 종횡하여 통합한 새로운 현대 명리학이라고 할 수 있다.

명리학의 오랜 역사를 집약하고, 소외되어 왔던 한국의 전통 명리학을 복원하여, 낡은 옷을 벗고 새 옷을 갈아입으면서 등장한 통합명리학이 우리 손에 쥐어졌다. 이 통합명리학은 이제부터 인문사회과학의 여러 현대 학문과 손을 잡으면서, 더욱 새로운 모습으로 변화할 것이다. 예를 들어 서구이론을 중심으로 하고 있는 심리학의 성격유형론 분야에 새로운 빛을 더할 것으로 보인다. 현재 통용되고 있는 MBTI, 에니어그램 등과 같은 성격유형론과 달리, 불교의 심오한 이론과 역술의 광대한 분야를 토대로 한 오자술은 깊은 철학적 사유와 실제적 예측력에서 타의 추종을 불허한다. 이는 오자술을 통한 실제 상담 영역에서 축적된 사실을 토대로 내린 실증적 판단이다.

이제부터, 오자술을 포함한 역술의 체계가 공통으로 가지고 있는 음양오행론에 대한 개략적인 이해와 오자술 명식의 기본적 구조를 습득한 뒤, Zoo Book의 세계로 뛰어들어 보자.

2. 음양(陰陽)과 오행(五行)

1) 음양(陰陽)

음양(陰陽)은 본래 왼쪽 변에 阝(언덕 부)가 없는 글자로 출발했다. 그러다가 阝(언덕 부)를 붙인 지금의 글자가 세력이 우세해 져서, 대신 그 자리를 차지했다. 언덕에 해가 비추면, 양달과 응달이 분명하게 나누어진다. 그래서 양은 볕이 드는 곳이고 음은 그늘을 가리킨다. 빛과 그림자가 음양의 본래 뜻이다. 그런데 원래부터 양달이 있는 것이 아니고, 양달은 응달이 되고, 응달도 양달이 된다. 고정된 것이 아니라 변화한다는 것이다. 변화의 대표적인 글자가 역(易)이다. 역은 역술이나 『주역(周易)』에서 잘 쓰이는 말이다. 역(易)은 일(日)과 월(月)이 합쳐진 말이다. 일월은 음양의 가장 대표적인 자연물이다.

게다가 일월을 대신하여 수화(水火)를 생각할 수 있다. 그래서 수는 음에 속하고 화는 양에 속한다. 천지 역시 음과 양으로 구분해 볼 수 있고, 명암(明暗, 밝음과 어두움), 한서(寒暑, 추위와 더위), 주야(晝夜, 낮과 밤) 등을 생각해 볼 수 있다. 이 모두는 음이라는 속성과 양이라는 속성으로 나눌 수 있는 말들이다.

양의 속성은 움직임, 전진, 확산, 활발 등과 같은 적극적인(positive) 것이며, 음의 속성은 정지, 후퇴, 응축, 침울 등과 같이 소극적인(negative) 것이다. 여기에 남녀(男女)는 음양으로 분명하게 구분된다.

결국 음양은 이 세계를 단 두 글자를 가지고 해석하는 동양의 특별한 인식 방법이다. 저 하늘의 해와 달처럼 거대하고 분명하게 보이는 것에서부터, 어둑하여 보이지 않는 미세한 것에 이르기까지 모두 음양으로 구분할 수 있다.

우리말의 귀신(鬼神)은 흔한 생각처럼, 살아 있는 존재가 아니며, 하늘을 둥둥 떠다니거나, 벽 속으로 쑥 들어간다든지 하며 물리법칙을 비웃는 묘한 존재로서, 사람들에게 두려움과 경이로움을 불러일으키는 존재이다. 그러나 음양에 따르면, 귀(鬼)는 음이고 신(神)은 양이다. 귀는 음인 땅의 기운이며, 신은 양인 하늘의 기운이다. 모든 존재는 음양이 만나서 된 것이기 때문에 죽게 되는 경우 하늘의 것은 하늘로, 땅의 것은 땅으로 되돌려 주어야 한다. 그래서 살아 있는 사람도 귀신이며, 죽은 사람도 귀신이다. 단지 음양이 결합되어 있는 것인지, 분해되어 있는 것인지가 다를 뿐이다. 『주역(周易)』은 사람을 '인자, 귀신지회'(人者, 鬼神之會. 사람은 귀와 신이 모인 것)라고 하는데, 역시 이러한 생각을 표현한 것이다.

또 귀신은 혼백(魂魄)으로 나눌 수 있다. 혼(魂)은 신

(神)에 속하고 신(神)은 양(陽)에 속한다. 백(魄)은 귀(鬼)에 속하고 귀(鬼)는 음(陰)에 속한다. 그래서 혼백이란 하늘의 기운과 땅의 기운을 뜻한다. 이 기운이 합쳐져 있을 때 사람은 살아 있는 것이고, 떨어지면 혼은 하늘로 날아가고 백은 땅으로 스며든다. 모두 음양론으로 본 생사(生死)의 실상이다.

음양론은 비단 역술뿐 아니라 동양철학과 문명에 매우 중추적인 요소가 된다. 그래서 역술의 시작은 음양에서부터 시작된다. 여기에 오자술은 대전제로서 음양의 합작(合作)과 합생(合生)이라는 개념을 제시한다.

합작(合作)은 음양이 "합(合)하여 작(作) 즉 생산을 해낸다."는 의미를 나타낸 말이다. 다시 말해 모든 생산의 행위에는 음양의 결합이 존재해야 한다. 독음(獨陰)과 독양(獨陽)으로는 아무런 생산이 이루어지지 않는다.

합생(合生) 역시 합작과 같은 의미이다. 다만 합작이 눈에 보이는 생산의 과정을 가리켜서, 특히 지지(地支)와 같은 구체적인 형상들의 생산 과정을 나타내는 반면, 합생은 지지 속에 숨 쉬고 있는 2~3개 정도의 기운들(지장간地藏干이라고 함)이 눈에 보이지 않게 활동하는 생산 과정을 가리키는 것이 다를 뿐이다. 하지만 양자는 통용되어 쓰인다.

합작과 합생이라는 용어는 오자술이 지향하는 현대명리학을 구성하는 가장 중요한 개념이니 숙지가 필요하다.

2) 오행(五行)

오행(五行)은 문명의 이른 시기부터, 문명을 구성하는 가장 중요하고 기본적인 물질적 재료를 의미했다. 흙, 물과 불, 나무와 쇠 등이 오행이다. 그런데 오행이라는 말에서, 행(行)은 움직임의 과정을 의미한다. 그래서 오행은 서로 간에 영향을 미치고, 특별한 관계를 형성한다. 이를 상징적 상관관계(symbolic correlation)라고 한다.

토(土)는 단지 흙만을 의미하지 않는다. 인체로 보았을 때 토는 비위(脾胃)에 해당하며, 사계절의 흐름에서는 여름과 가을 사이에 위치한다. 방위로는 중앙이고, 색깔로는 노란 색이며, 그 맛은 달고, 믿음(信)이라는 가치를 가지고 있기도 하다. 이러한 모든 속성이 토에 속한다. 토뿐 아니라, 수, 화, 목, 금도 마찬가지이다. 이러한 오행은 상생(相生)과 상극(相克)이라는 두 가지 특별한 관계를 맺는다.

木生火, 火生土, 土生金, 金生水, 水生木, 木生火 …

위의 상생 관계는 서로 순환을 하면서 끝이 없이 진행한다. 고서(古書)에서는 이를 여환무단(如環無端, 둥근 고

리처럼 끝과 시작이 없다)이라고 한다. 오행의 상생을 알기 쉽게 이해해 보자.

목생화木生火 : 나무에서 불이 지핀다
화생토火生土 : 타고난 재는 흙이 된다
토생금土生金 : 흙 속에는 광물이 있다
금생수金生水 : 쇠가 녹아 물처럼 흐른다
수생목水生木 : 물은 나무를 기른다

상생이기 때문에 목생화(木生火)에서 목(木)은 어미가 되고 화(火)는 자식이 된다. 어미가 자식을 낳으니, 이를 모자(母子)관계라고 한다. 상생은 생명의 실상에서 매우 중요한 관계 맺음이다. 그러나 생명의 실상은 이런 상생만 있는 것은 아니다. 서로에게 해를 끼치고 부담이 되는 관계도 있다.

木克土, 土克水, 水克火, 火克金, 金克木, 木克土 …

상극관계도 상생관계처럼 여환무단하다. 이를 쉽게 이해해 보자.

목극토木克土 : 나무는 흙을 파괴한다(나무로 만든 쟁기를 연상)
토극수土克水 : 흙으로 쌓은 제방은 물의 흐름을 막는다

수극화水克火 : 물을 불을 끈다
화극금火克金 : 불은 쇠를 녹인다
금극목金克木 : 쇠는 나무를 찍어 넘긴다(쇠로 만든 도끼를 연상)

매우 단순한 관계이지만, 상극은 생사(生死)를 본질로 하는 생명의 자연스러운 실상이다. 상생과 상극의 관계는 잠시 후 다루게 될, 가장 기본적인 인간관계를 설명하는 데 매우 요긴한 이론이 된다.

3. 간지(干支)

간지(干支)는 천간(天干)과 지지(地支)의 줄임말이다. 간지는 음양과 오행이 결합되면서 좀 더 분석적으로 이 세계의 실상을 설명하기 위한 개념이 된다. 실제 역술에서는 간지론이 빈번하게 활용된다. "병신 육갑하네"라는 말 속의 육갑은 간지를 조합해서 생겨난 60개의 갑자를 가리킨다. 그 만큼 우리 문화에 내린 뿌리가 깊다.

천간과 지지는 천지를 부모로 하여 생겨난 모든 사물과 사건들의 연관관계를 잘 보여주고 있다.

1) 천간(天干)

천간은 **갑을병정무기경신임계(甲乙丙丁戊己庚辛壬癸)**의 10가지이다. 그래서 십간(十干)이라고도 한다. 10가지가 된 이유는 오행이 두 배로 불어나서이다. 불어난 것은 오행이 각각 음양으로 구분되었기 때문이다. 예를 들어 목(木)을 음양으로 구분하면, 양목(陽木)과 음목(陰木)이 된다. 다른 오행도 마찬가지 이다. 이를 보기 좋게 나타내면 다음과 같다.

木		火		土		金		水	
陽木	陰木	陽火	陰火	陽土	陰土	陽金	陰金	陽水	陰水
甲	乙	丙	丁	戊	己	庚	辛	壬	癸

천간은 갑골문(甲骨文)시대부터 날짜를 표기하기 위해 쓰였다. 그런데 무슨 사물의 형상을 보고 만든 글자인지에 대한 의견이 분분하다. 하지만 시간이 흐를수록 천간은 초목이 자라는 과정을 나타낸 것으로 이해되었다. 더욱이 상징적 상관관계이므로, 여기에 많은 상징이 부여되었다.

Zook Book에서는 오랜 역사를 거치면서 경험적으로 정착되어 온 천간의 상징을 채택하고 있다. 명나라 시기의 유명한 명리서인 『삼명통회(三命通會)』에서 제시된 상징이 그것이다.[4)]

4) 『삼명통회(三命通會)』는 명나라 만민영(萬民英, 14~15세기 무렵)의 저술이다. 당대까지 전승된 명리학을 총망라하고 있다.

천간	한글 뜻		한자 뜻	
甲	우레	숲	뢰雷	대림목大林木
乙	바람	화초	풍風	화초목花草木
丙	해	태양	일日	태양화太陽火
丁	별	등불	성星	등화촉燈燭火
戊	노을	성의 담	하霞	성원토城垣土
己	구름	전원	운雲	전원토田園土
庚	달	검과 창	월月	검극금劍戟金
辛	서리	구슬	상霜	주옥금珠玉金
壬	가을서리	호수	추로秋露	강호수江湖水
癸	봄장마	비와 이슬	춘림春霖	우로수雨露水

위 상징의 특징은 주로 자연의 사물들에 천간을 빗댄 것이다. (정화丁火, 무토戊土, 경금庚金 등은 인공물이다)

천간은 음양의 구분이 있기 때문에 합작과 합생을 한다. 이 때문에 생산을 한다.

갑기합토甲己合土
을경합금乙庚合金
병신합수丙辛合水
정임합목丁壬合木
무계합화戊癸合火

합작과 합생의 이론에 따르면, 갑목(甲木)은 기토(己土)와 합작이 없이는 생산의 기회가 없다. 다른 천간도 마찬가지이다.

천간은 오행으로 구분되기 때문에 오행의 상생과 상극 법칙의 지배를 받는다.

2) 지지(地支)

지지는 **자축인묘진사오미신유술해(子丑寅卯辰巳午未申酉戌亥)**의 12가지이다. 그래서 십이지(十二支)라고도 부른다. 12가지가 된 까닭은 계절의 흐름과 일치하기 때문이다. 한 해가 12달이듯이 지지 역시 12개가 된다. 지지도 음양이 불어난 것이고, 여기에 오행이 배당되어 있다.

水	土	木		土	火		土	金		土	水
陰水	陰土	陽木	陰木	陽土	陰火	陽火	陰土	陽金	陰金	陽土	陽水
子	丑	寅	卯	辰	巳	午	未	申	酉	戌	亥

지지는 천간처럼 음양과 오행의 배당이 깔끔하지 않다. 그 이유는 사계절의 흐름과 조화를 이루어야 했기 때문이다. 그래서 지지의 순서는 자수(子水)부터 시작하지만, 지지를 구조적으로 이해하기 위해서는 해수(亥水)부터 시작하는 것이 좋다.

겨울			봄			여름			가을		
亥	子	丑	寅	卯	辰	巳	午	未	申	酉	戌
水		土	木		土	火		土	金		土

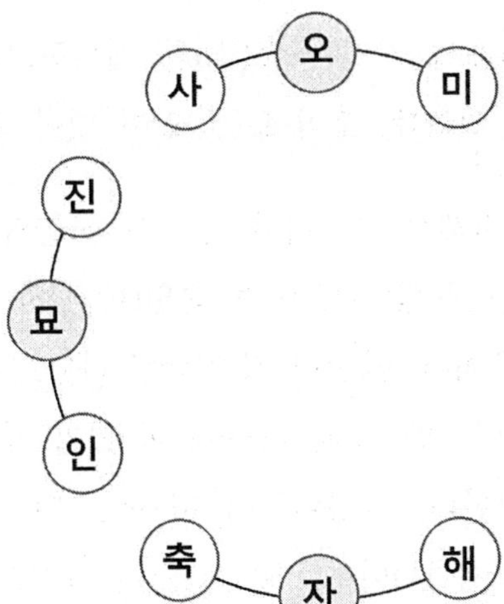

십이지(十二支)와 사시(四時)

겨울은 오행으로 수(水)이다. 봄은 목(木)이고, 여름은 화(火)이며, 가을은 금(金)이다. 여기에 토(土)는 계절과 계절의 사이에 있다.

계절과 계절은 단절되어 있다. 겨울에서 봄으로 진행하는 것은 단절을 의미한다. 하지만 계절이 단절된다면, 생명은 발달은커녕 생존할 수도 없을 것이다. 그래서 조물주는 계절의 사이마다 토(土)를 놓아, 생명의 죽음과 탄생의 두 계기를 융합시켜 두었다. 예를 들어, 겨울에서 봄으로 가는 길에 축토(丑土)를 두어서, 축토(丑土)에서 겨울의 기운을 끊고, 봄의 기운을 탄생시킨다. 봄에서 여름으로 가는 길에 진토(辰土)를 두고, 여름에서 가을로 가는 길에 미토(未土)를 두며, 가을에서 겨울로 가는 길에 술토(戌土)를 둔다. 이래서 지지는 토(土)를 제외하고는 오행이 둘씩 배당되어 있는데, 오직 토(土)만이 넷이 되었다.

지지는 천간에 비해서 복잡하다. 천간은 하늘의 기운이다. 하늘의 기운은 무형(無形)이며 순일(純一)하다. 하지만 땅의 기운은 유형(有形)이며 잡박(雜駁)하다. 계절이란 하늘의 일처럼 보이지만, 땅과 큰 연관이 있기 때문에 유형과 잡박에 해당한다. 음양이론에 따르면, 일(日)은 양(陽)이고 월(月)은 음(陰)이며, 일(日)은 한 해이고 월(月)은 열두 달에 해당한다. 그래서 우리가 느끼는 열두 달의 사계절이란 하늘이라기보다는 땅의 소관이다.

Zoo Book에서 지지의 상징은 『삼명통회』의 것을 수용한다.

지지	한글 뜻	한자 뜻
子	검은 못	묵지墨池
丑	버드나무 언덕	유안柳岸
寅	깊은 계곡	광곡廣谷
卯	푸른 숲	경림瓊林
辰	풀이 우거진 못	초택草澤
巳	큰 역	대역大驛
午	봉화를 올리는 단	봉후烽堠
未	꽃이 핀 정원	화원花園
申	이름난 대도시	명도名都
酉	절과 종	사종寺鐘
戌	불을 지른 들	소원燒原
亥	은하수	현하懸河

위의 상징도 자연의 사물이 주를 이룬다(묘목卯木, 사화巳火, 오화午火, 미토未土, 신금申金, 유금酉金 등은 인위적인 상징에 속한다).

Zoo Book은 인간의 일을 주로 다루기 때문에, 지지에 큰 힘에 주목한다. 그래서 지지의 상징이 현란하다 할 정도로 Zoo Book의 논리는 이에 의존하고 있다. 전통적으로 지지의 상징은 띠에 잘 드러나 있다. 띠는 십이생초(十二生肖)라는 말로 전해진다. 그런데 Zoo Book은 열두 띠 즉 십이생초를 넘어서, 각 지지에 셋씩 동물들을 배당한다(12×3=36). 실로 36금수(禽獸)는 이를 가리키는 말이다.

4. 36금수(禽獸)

1) 장구한 역사

십이지지의 역사는 매우 오래 되었다. 십이지지의 성립 자체가 기원전 거북이 등이나 소의 어깨뼈에 새긴 갑골문에서부터 온전한 형태로 전해지기 때문이다. 하지만 갑골문에서는 열두 개의 지지나 열 개의 천간, 이 둘이 결합한 60갑자는 보이지만, 동물의 형상과 결합한 십이지지에 대한 증거는 없다.

학자들은 12지 동물의 기원에 대해 의견일치를 보고 있지 못하고, 몇 가지 설을 제시하고 있을 뿐이다. 명확한 문헌이 발견되지 않고 있기에 그렇다. 이 설들을 정리하면 12지 동물은 중국에서 기원했다는 설과 외래에서 기원했다는 설이 경합한다.

중국기원설의 핵심은 왕충(王充, 27~100?)의 『논형(論衡)』에서 보여준 십이지지와 동물의 온전한 결합 양상을 증거로 삼고 있다. 그러나 『논형』 이전의 자료에서도 단편적이지만, 이러한 결합 관계가 발견된다. 하지만 지금과 같은 형태와 약간의 차이가 존재한다. 또한 중국이라는 대륙에 거주하는 다양한 민족들마다 서로 다른 형태를 가진 12지 동물 명칭이 존재하고 있었다. 예를 들어 해(亥)는 돼지가 표준 동물이지만, 중국의 운남 지방에서는 코끼리가 대신하고 있다. 여기에 다른 지역의 종족은 봉황, 개미, 사람, 참새, 천산갑(아르마딜로) 등이 보인다.[5] 과연 12지 동물은 각 소수민족을 기반으로 각지에서 발생한 여러 12지 동물 형태가 시간이 흘러 한족으로 흡수되어 통합된 것인가?

이러한 의문에 대해 외래기원설은 전 지구적으로 발견되는 12지 동물을 증거로 들어 중국기원설을 반박한다. 더욱이 서역과 문화적 교류가 일찍부터 활발했던 중국의 지역적 위치 때문에, 불교를 통한 인도로부터의 유입 혹은 이집트, 바빌로니아 등에서 고안된 문화의 전파를 고려한다. 그러나 동아시아의 12지 동물은 이러한 서역 지방의 것과 매우 차이가 난다. 예를 들어 동물의 무리도 금시조, 노새, 악어, 홍학, 말똥구리 등이며, 이들은 동아시아의 12지 동물에서 발견되지 않는다. 이런 이유로 각 문화마다 독립적인 발전을 한 것이라는 주장이 힘을 얻고 있다.

12동물은 비단 위와 같은 지역뿐 아니라 아메리카 인디언이나 아프리카 대륙에서도 여러 형태로 전해지고 있다. 이러한 보편적인 현상은 한 해의 절기를 표기하는 오

---

5) 김태완 외, 「갑골문에 보이는 십이지지와 열두 띠」, 『동북아문화연구』, 2010, 463~465쪽.

래된 인간의 표현 방식에서 기원하는 것으로 보인다. 해와 달의 주기로 결정되는 역법(曆法)은 인류의 공통적 관심이었기 때문에, 구별하기 쉬운 동물의 명칭과 역법을 결합한 수력(獸曆)은 인류 문명의 초창기에 자연스럽게 발전된 것이다.

2) 『오행대의(五行大義)』의 36금수(禽獸)

12지 동물 즉 십이생초는 그 기원이 분명하지는 않지만, 대략 기원전 전후에 지금의 형태처럼 정해진 것이다. 여기에는 음양오행설에 입각한 인식이 큰 역할을 했다. 36금수는 십이생초의 발전 과정에서 차츰 성립되어 갔다.

Zook Book의 선학으로는 수나라(541~604) 소길(蕭吉)의 『오행대의(五行大義)』이다. 『오행대의』는 이전 시대의 음양오행에 관한 여러 설들을 취합하여 편찬한 저술이다. 여기 가장 마지막 편인 「논삼십육금(論三十六禽)」에서 36금수의 원형을 살펴볼 수 있다.

그런데 『오행대의』는 소길의 독자적 창작이 아니라, 이전 설들을 종합한 것이다. 그래서 36금수의 성립은 3가지 정도의 문헌에 기원을 두고 있다. 첫 번째가 『식경(式經)』에 근거한 왕간(王簡)의 설이며, 두 번째는 『본생경(本生經)』, 세 번째는 『마하지관(摩訶止觀)』이다.

왕간은 도가(道家) 계열의 인물로 보이지만 정확한 것은 알 수 없다. 『본생경』은 불교의 본생경이 아니라, 육임(六壬) 관련 문헌으로 추정된다. 『마하지관』은 천태종(天台宗)을 창시한 지의(智顗, 538~597)의 저술로서, 자신의 수행체험을 토대로 천태종의 수행법을 제시하고 있다. 이 가운데 지관(止觀) 수행 과정에서 36금수를 논의하고 있는 것이 매우 흥미롭다.[6] 이 3가지 근원으로부터 『오행대의』의 36금수가 형성된다.

십이생초에 비해 36금수는 일반인에게 잘 알려져 있지 않다. 그러나 근대 이전 시기만 해도 36금수는 국가의 공식적 지식이기도 했다. 하나의 예를 살펴보자.

---

6) 지(止)는 사마타(Smatha)이고, 관(觀)은 위빠사나(Vipasyana)이다.

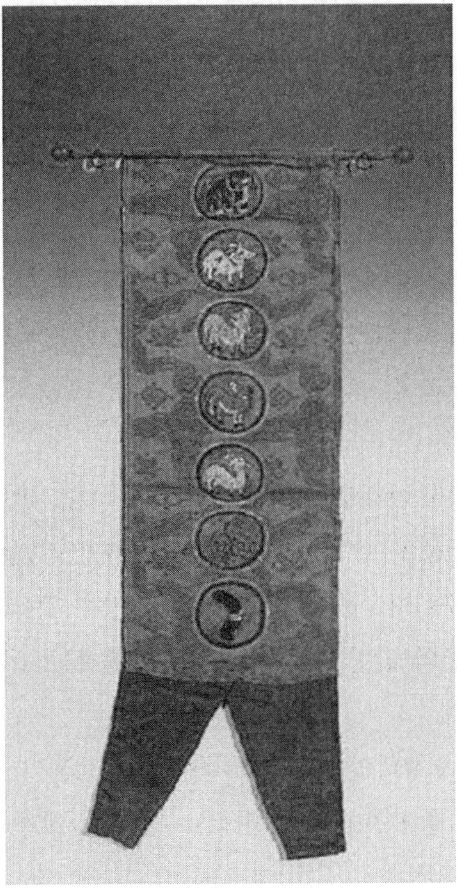

<좌둑기의 드림>

36금수는 천문(天文)에 관련되기도 하는데, 여기에 사용된 금수들은 『오행대의』의 내용과 거의 동일하다. 하늘을 동서남북의 네 분야(分野)로 나누고, 각 분야에 7개의 별자리를 배치한 28수(宿)에 36금수를 배치한 도식이 근

대 이전까지 존재하고 있었다. 이러한 도식은 군대의 상징인 군기(軍旗)에 사용되었다.

예컨대 소꼬리나 꿩꼬리로 장식된 좌둑기(左纛旗)는 군대가 행진할 때나 주둔할 때 이용되는 것으로, 깃발 한가운데 역학의 중요한 상징인 양의(兩儀)와 사상(四象), 동서남북중앙의 오방(五方)을 표시하고, 북두칠성 및 28수를 표기하고 있는 군기이다. 이 좌둑기의 드림(깃발 위에 달던 좁고 긴 띠)에는 그림에서처럼 7가지 동물이 배치되어 있다.

위에서부터 아래로 들개, 양, 노루, 사슴, 말, 뱀. 지렁이 등의 동물이 그려져 있다. 이는 남방(南方) 화(火)에 속하는 금수이다. 붉은 색 비단은 남방을 뜻하고, 7가지 금수는 하늘의 남방칠수(南方七宿)에 속하는 별자리를 대변하고 있다.

그런데 『오행대의』나 『마하지관』에 수록되어 있는 금수의 분류와 일치하지 않는 내용도 있다. 들개가 그것인데, 들개는 서방(西方) 금(金)에 속하기 때문이다. 그리고 지렁이와 같은 금충(禽蟲)이 있는 것도 매우 특이하다. 이 7가지 금수는 모두 영험한 금수로서 영수(靈獸)에 속하기 때문이다. 지금 사람들의 편견일지는 모르지만, 지렁이가 영수에 속한 것이 매우 흥미롭다. Zoo Book의 논리에 따르자면, 지렁이는 사화(巳火)에 속한다. 여기에는 허물을 벗는 금충(禽蟲)인 매미와 뱀, 드렁허리(뱀장어 모양의 민

물고기) 등이 속한다.

3) 변금(變禽)의 논리

『오행대의』「논삼십육금」은 12금수가 36금수로 변화되는 논리를 제시하고 있다. 번호를 붙여서 살펴본다.

① 금과 충의 종류에 이름과 수가 매우 많으나, 지금 36가지만 해석하는 것은 육갑(六甲)의 수를 취한 것이니, 『식경』에서 쓴 것이다. 거기서 나오는 12가지의 종류가 12지에 배속되고, 각 지에는 3개의 금이 있기 때문에 36금이 된다(禽蟲之類, 名數甚多, 今解三十六者, 蓋取六甲之數, 式經所用也. 其十二屬, 配十二支, 支有三禽, 故三十有六禽)

『식경(式經)』은 어떤 책인지 불분명한데, 『황제식경(黃帝式經)』, 『현녀식경요법(玄女式經要法)』, 『육임식경잡점(六壬式經雜占)』 등의 명칭이 있으며, 술수서(術數書)의 한 종으로 생각된다.

② 지에 셋이 있는 까닭은 하루를 세 때로 나누게 되니 아침 낮 저녁이다. 만약 뜻으로 살펴보면 바로 상응(正應)하는 12가지는 모두 낮에 있고, 바로 상응하지 않는 것은 아침이나 저녁에 해당할 것이다(所以支有三者, 分一日爲三時, 旦及晝暮也. 若以意求, 正

應十二屬竝居晝位, 不應或旦或暮.)

지지를 셋으로 구분하는 것은 정응(正應)과 불응(不應)이 기준이며, 정응은 낮이고 불응은 낮을 제외한 아침과 저녁에 해당한다. 이는 "뜻으로 살펴본" 기준이다.

③ 그러나 이제 『식경』의 방법에 의해서 기(氣)로 취해 보면 처음 것은 저녁에 있고, 가운데 것은 낮에 있으며, 끝에 있는 것은 아침에 있으니, 이 12종류는 12진(辰)에 해당되고, 나머지 24종류는 이미 금(禽)에 배속되었으나, 지(支)의 자리에는 해당되지 않는 것이다.(今依拭經法, 以氣而取, 孟則在暮, 仲則在中, 季則在旦, 是十二屬當十二辰也, 餘二十四, 旣是配禽, 以不當支位.)

이는 36금수 중에서 정응하는 12가지만 12지에 속하고, 나머지는 비슷한 종류로 분류될 뿐이라는 의미이다. 하지만 이상한 방식이다. 처음=아침, 성대=낮, 끝=저녁 등의 도식이 자연의 순환이라는 면에서 자연스러운데, 성대=낮의 경우를 제외하고는, 아침과 저녁의 도식이 반대로 되어 있어 보인다. 즉 아침은 시작이 아니라, 저녁이 시작이고, 아침은 끝이 된다.

이를 굳이 말하자면 낮을 기준으로 삼았기 때문이다. 낮에 이르기 위해 아침이 끝이 된다. 성대함의 이전이 아침이기 때문에 아침은 끝이 된다. 그리고 저녁은 오랜 준비의 시작이다. 저녁부터 준비하여 아침에 이르러 종결을 짓고, 낮에 성대한 변신을 하는 것이다. 이는 정응과 불응의 두 도식에서 비롯된 사고방식이라고 볼 수 있다. 그러나 이런 논리는 약간 문제가 있어 보인다.

위의 내용을 표로 나타내면 다음과 같다.

	뜻의 관점 若以意求		기의 관점 以氣而取	
낮이 아님	단旦	불응不應	계季	아직 왕성한 기세가 있음尙有王勢
낮	주晝	정응正應	중仲	기가 성대함其氣盛
낮이 아님	모暮	불응不應	맹孟	성대한 기에 가까움近盛氣

이상한 방식이라는 점에 대해서 『오행대의』는 이렇게 설명하고 있다.

④ 처음 것이 저녁에 있는 이유는 처음은 한 때의 머리로, 기가 처음에는 이루어지지 않고, 가운데로 향해 나가면서 성해지기 때문이다. 성한 기에 가까운 것을 취했기 때문에 저녁에 있는 것이다(所以孟在暮者, 孟是一時之首氣, 初則未盛, 向仲方盛, 故屬也. 取

近盛氣, 所以在暮也.)

⑤ 가운데가 낮에 있는 것은 기운이 성해서 가운데 있기 때문이다(仲則在晝者, 以其氣盛在中也).

⑥ 끝이 아침에 있는 것은 끝은 한 때의 끝이 되어서, 그 기가 이미 쇠퇴했으니, 처음을 당해서 가운데에 가까우면, 아직은 왕한 세력이 있기 때문에 아침에 배속한 것이다(季則在旦者, 以季爲一時之末, 其氣已衰. 當初近仲. 尙有王勢. 故屬旦也)

사물의 차례를 의미하는 맹중계(孟仲季)는 기의 성대와 쇠퇴를 그리는데 부적합한 개념이다. 낮을 정오(正午)로 생각하면, 정오는 중(仲)이며 기(氣)가 성대한 시점이다. 성대한 것은 정점이 되므로 곧 쇠퇴의 시기가 도래한다. 그래서 정오를 지나 저녁이 되면, 기가 쇠퇴하지만 아직은 성대한 기운이 남아 있다. 하지만 『식경』의 변금설(變禽說)은 여기서 "아직은 성대한 기운이 있는 것(尙有王勢)"을 저녁에 상응시키지 않고, 아침에 상응시킨다. 이는 저녁을 지나 자정(子正)에 이르는 기의 순환을 생략한 것이다.

다시 살펴보자. 저녁은 기가 쇠퇴한 것이 아니라, "기가 아직 성대하지 않는(未盛)" 시점이라면, 성대한 기는 저녁을 지나 자정 무렵에 성대하게 된다. 그리고 아침이 되어 갈수록 기는 쇠퇴한다. 다만 "아직 왕성한 기운을 가지고 있을 뿐(尙有王勢)"이다. 그렇다면 정오가 되자 기는 완전히 쇠퇴해야 한다. 하지만 정오는 낮으로 가장 성대한 기운을 가지고 있다. 이러한 논리는 음양으로 보충되어야 모순이 발생하지 않을 것이다.

時	(子)	卯	午	酉	(子)	卯	午	酉
	(밤)	아침	낮	저녁	(밤)	아침	낮	저녁
氣勢	(盛大)	王勢	盛大	未盛	(盛大)	王勢	盛大	未盛
양기		성대 이전	성대함	아직 왕성		성대 이전	성대함	아직 왕성
음기	(성대함)	아직 왕성		성대 이전	(성대함)	아직 왕성		성대 이전

(*『오행대의』에 언급된 부분은 검은색, 언급되지 않은 부분은 흰색)

위 그림에서 자(子)와 오(午)의 영역은 각각 성대(盛大)하다. 한 밤중인 자(子)는 음기(陰氣)가 성대하고, 대낮인 오(午)는 양기(陽氣)가 성대하다. 문제가 되는 것은 아침과 저녁이다. 이때는 음기와 양기가 교차하고 있다. 대자연의 순환은 음양의 순환이기 때문에, 자정에는 음기가 극성(極盛)하나 곧 양기가 생겨난다. 마찬가지로 정오에는 양기가 극성하나 곧 음기가 생겨난다. 이는 동지(冬至)라는 순음(純陰)에서 양기가 소생하는 자연의 필연적 기세(氣勢)가 하루의 차원에서 반복되는 것이기도 하다.

아침에는 밤의 음기가 아직 왕성하지만, 양기는 "성대 이전" 곧 "채 성대하지 않은 상태"이다. 양기가 생겨나기 때문이다. 저녁은 정오를 지난 양기가 "아직 왕성"하지만, 음기는 "채 성대하지 않은 상태"이다. 음기가 생겨나고 있기 때문이다.

따라서 맹중계(孟仲季)로 분류할 때 양기를 기준으로 하면, 아침-낮-저녁 순서로 맹중계(孟仲季)가 성립된다. 또한 음기를 기준으로 하면, 아침과 저녁은 계(季)와 맹(孟)이 해당한다.

『식경』 논리는 음양의 구분이 없고, 낮에 대한 밤의 기운 변화가 제시되어 있지 않다. 이런 이유로 이해에 혼선이 빚어지게 되었다.

⑦ 『식경』의 방법대로 자리를 정하면 두 가지(아침 또는 저녁에 배속된 금禽) 모두 뜻을 잃지 않게 된다(於式當位, 二俱不失).

본래 12지지를 맹중계(孟仲季)에 따라 논하면 맹(孟)은 인신사해(寅申巳亥)이고, 중(仲)은 자오묘유(子午卯酉), 계

(季)는 진술축미(辰戌丑未)로 분류할 수 있다. 『식경』의 논리를 유지하면서, 12금수가 36금수로 변금한 내용은 왕간(王簡)의 말로 시작된다. 왕간은 정확히 누구인지는 알기 어렵지만, 『식경』의 논리에 따라 변금을 제시한 인물로 보인다.

4) 『식경(式經)』의 논리로 본 왕간(王簡)의 변금설(變禽說)

① 자子 : 자는 아침에는 제비가 되고 낮에는 쥐가 되며 저녁에는 박쥐가 된다.(子, 朝爲鷰. 晝爲鼠. 暮爲伏翼)

② 축丑 : 축은 아침에는 소가 되고 낮에는 게가 되며 저녁에는 자라가 된다.(丑, 朝爲牛, 晝爲蟹, 暮爲鼈)

③ 인寅 : 인은 아침에는 이리가 되고 낮에는 표범이 되며 저녁에는 호랑이가 된다. 『본생경(本生經)』에 이르기를 '아침에는 살아 있는 나무가 된다.'고 했으며, 또 이르기를 '낮에는 호랑이가 되고, 저녁에는 이리가 된다.'고 했다.(寅, 朝爲狸, 晝爲豹, 暮爲虎. 本生經云, 旦爲 生木, 又云, 晝爲虎, 暮爲狸)

④ 묘卯 : 묘는 아침에는 고슴도치가 되고 낮에는 토끼

가 되며 저녁에는 오소리가 된다. 일설에는 '아침에는 여우가 된다'고 했으며, 『본생경』에 이르기를 '저녁에는 학이 된다'고 했다.(朝爲蝟, 晝爲兎, 暮爲貉. 一云, 朝爲狐, 本生經云, 暮爲鶴).

⑤ 진辰 : 진은 아침에는 용이 되고 낮에는 이무기가 되며 저녁에는 물고기가 된다(朝爲龍, 晝爲蛟, 暮爲魚).

⑥ 사巳 : 사는 아침에는 매미가 되고 낮에는 지렁이가 되며 저녁에는 물고기와 뱀이 된다. 일설에는 '저녁에는 거북이 된다.'고 했으며, 『본생경』에 말하기를 '아침에는 적토가 되고, 낮에는 뱀이 되며, 저녁에는 매미가 된다.'고 했다.(朝爲蟬, 晝爲蚯蚓, 暮爲魚蛇. 一云, 暮爲龜, 本生經言, 旦爲赤土, 晝爲蛇, 暮爲蟬).

⑦ 오午 : 오는 아침에는 사슴이 되고 낮에는 말이 되며 저녁에는 노루가 된다. 『본생경』에 이르기를 '아침에는 말이 되고, 낮에는 사슴이 되며, 저녁에는 노루가 된다'고 했다(朝爲鹿, 晝爲馬, 暮爲獐. 本生經言, 旦爲馬, 晝爲鹿, 暮爲麞).

⑧ 미未 : 미는 아침에는 양이 되고 낮에는 매가 되며 저녁에는 기러기가 된다. 『본생경』에 이르기를 '저녁에는 늙은 나무가 된다'고 했다(朝爲羊, 晝爲鷹, 暮爲鴈. 本生經云, 暮爲老木).

⑨ 신申 : 신은 아침에는 고양이가 되고 낮에는 원숭이가 되며 저녁에는 원숭이가 된다. 일설에는 '아침에는 옥이 된다'고 했으며, 『본생경』에는 '저녁에는 죽은 돌이 된다'고 했다(朝爲貓, 晝爲猨, 暮爲猴. 一云, 旦爲羊, 本生經言, 暮爲死石).

⑩ 유酉 : 유는 아침에는 꿩이 되고 낮에는 닭이 되며 저녁에는 말이 된다. 일설에는 '아침에는 닭이 되고 저녁에는 죽은 돌이 된다'고 했으며, 『식경』의 금변에 이르기를 '저녁에는 죽은 흙이 된다'고 했다. 『본생경』에 말히기를 '저녁에는 소리개가 된다'고 했다(朝爲雉, 晝爲雞, 暮爲馬. 一云, 朝爲雞, 暮爲死石, 禽變云, 暮爲死土. 本生經言, 暮爲鳶).

⑪ 술戌 : 술은 아침에는 개가 되고 낮에는 이리가 되며 저녁에는 승냥이가 된다. 일설에는 '저녁에는 죽은 금이 된다'고 했으며, 『식경』의

금변에 이르기를 '저녁에는 죽은 불이 된다' 고 했다(朝爲狗, 晝爲狼, 暮爲豺. 一云, 暮爲死金, 禽變云, 暮爲死火).

⑫ 해亥 : 해는 아침에는 돼지가 되고 낮에는 큰 원숭이가 되며 저녁에는 멧돼지가 된다. 일설에는 '아침에는 살이 있는 나무가 되고, 낮에는 돼지가 되며, 저녁에는 개미와 달팽이가 된다'고 했다. 또 혹자는 '아침에는 돼지새끼가 되고, 낮에는 개가 된다'고 했고, 일설에는 '저녁에는 썩은 나무가 된다'고 하니, 비록 『본생경』과 『식경』의 금변(禽變)이 서로 같지 않으나, 낮과 저녁의 위치는 『식경』이 세 때의 이치로 나눈 해석을 따라야 할 것이다(朝爲豕, 晝爲玃, 暮爲豬. 一云, 旦爲生木, 晝爲豕, 暮爲蛦蝓. 一云, 旦爲豚, 晝爲, 一云, 暮爲朽木, 雖本生經及禽變, 互有不同, 晝暮之位, 理從前解).

금변의 논리에 해당하는 36금수의 변형을 도표로 나타내면 다음과 같다.

		정응正應	불응不應	불응不應
때		주晝	단旦	모暮
순서		중仲	계季	맹孟
기세		성대함氣盛	아직 왕성 尙有王勢	성대함에 가까움 近盛氣
12생초	子	쥐	제비	박쥐
	丑	게	소	자라
	寅	표범	이리	호랑이
	卯	토끼	고슴도치	오소리
	辰	이무기	용	물고기
	巳	지렁이	매미	물고기, 뱀
	午	말	사슴	노루
	未	매	양	기러기
	申	원숭이(猿)	고양이	원숭이(猴)
	酉	닭	꿩	말
	戌	이리	개	승냥이
	亥	큰 원숭이(玃)	돼지(豕)	멧돼지(豬)

이상을 분석하면 명리학에서 사맹(四孟), 사정(四正), 사고(四庫)에 따른 12지지의 분류를 파악할 수 있다.

사맹四孟=모暮=맺孟 인신사해寅申巳亥
사정四正=주晝=중仲 자오묘유子午卯酉
사고四庫=단旦=계季 진술축미辰戌丑未

사정, 사고, 사맹 가운데 한 가지를 골라서 12금수의 명칭이 정해진 이유를 짚어보도록 하자.

자수(子水)는 쥐, 제비, 박쥐의 변금을 하지만, 자수는 사정 즉 맹중계의 중(仲)에 속하기 때문에 쥐가 본기의 형상이 되며, 이것이 정응이다. 그러나 제비는 아침, 박쥐는 저녁의 기운에 응하며 정응이 아닌 불응이 된다.

축토(丑土)는 게, 소, 자라의 변금을 하지만, 축토는 사고 즉 맹중계의 계(季)에 속하기 때문에 소가 본기의 형상이 된다. 게와 자라는 불응하는 변금의 한 양상이다.

인목(寅木)은 표범, 이리, 호랑이(범)의 변금을 하지만, 인목은 사맹 즉 맹중계의 맹(孟)에 속하기 때문에 호랑이가 본기의 형상이 된다. 표범과 이리는 정응이 아닌 불응이 된다.

Zoo Book에서는 이러한 논리를 맹중계로 세분하지 않고, 지지와 지지가 결합하는 상황 속에서 파악한다. 예를 들어 자수(子水)는 쥐, 제비, 박쥐이지만, 축토(丑土)와 결합하면 쥐가 되고, 진토(辰土)와 결합하면 제비가 되며, 술토(戌土)와 결합하면 박쥐로 이해하는 식이다.

이러한 상황의 맥락을 고려하는 것이 역동적으로 사물의 실상을 파악하는데 보다 유용하다는 임상적 체험이 있기 때문이다.

<『오행대의』에 배속된 36금수 대조표>

	왕간			본생경			식경		
	아침	낮	저녁	아침	낮	저녁	아침	낮	저녁
子	제비	쥐	복익	·	·	·	·	·	·
丑	소	게	자라	·	·	·	·	·	·
寅	이리	표범	호랑이	生木	호랑이	이리	·	·	·
卯	고슴도치	토끼	오소리	·	·	·	·	·	·
辰	용	이무기	물고기	·	·	·	·	·	·
巳	매미	지렁이	물고기, 뱀, 거북이	赤土	뱀	매미	·	·	·
午	사슴	말	노루	·	·	·	·	·	·
未	양	매	기러기	·	·	·	·	·	·
申	고양이, 玉	원숭이(猿)	원숭이(猴)	·	·	死石	·	·	·
酉	꿩, 닭	닭	말, 死石	·	·	소리개	·	·	死土
戌	개	이리	승냥이, 死金	·	·	·	·	·	死火
亥	돼지, 生木	큰원숭이(玃), 돼지	멧돼지, 개미, 달팽이	·	·	·	·	·	·

* 출처 : 김수길 외 공역, 『오행대의』, 대유학당, 2008.

5) 『마하지관(摩訶止觀)』의 변금(變禽)과 Zoo Book

『마하지관(摩訶止觀)』은 천태종을 창시한 지의대사의 저술이다. 대사가 설법한 내용을 제자들이 기록으로 남긴 것이다. 이 저서에는 천태종(天台宗)의 수행법이 담겨 있다. 이 저서의 특징은 자신의 종교 체험과 실천을 담아낸 점이 독특하다. 그런데 『마하지관』에 등장하는 36금수는 부정적인 사태와 연관되어 있다.

수행이 특별한 경지에 이르게 되면 일상의 의식을 넘어선 의식의 상승이 이루어지는데, 이 때 상승을 방해하는 여러 세력들 가운데 36금이 등장한다. 천태 지의에게 36금수는 귀신 혹은 도깨비 같은 마물(魔物)이다.[7]

마라(魔羅)라는 것은 진(秦)나라에서는 '죽이는 자'라고 말한다. 수행자가 쌓은 공덕의 재산을 약탈하고, 지혜의

---

7) 오자술(五字術)의 기원을 이루는 『달마일장금(達磨一掌金)』은 당(唐)나라의 일행선사(一行禪師, 683~727)가 집대성한 것인데, 여기에는 불교(佛敎)와 역술(易術)이 결합되어 있다. 12지를 불교의 육도(六道)와 연결시킨 것이 하나의 예이다. 이러한 불교와 역술의 결합은 철학적으로 불교(佛敎)와 도교(道敎)의 융합으로 이해할 수 있는데, 한국의 『당사주』나 『전생록(前生錄)』, 그것의 선하 가운데 하나인 『연금두수삼세상(演禽斗數三世相)』 같은 문헌류들이 이에 대한 역사적 사례들이다. 기존 명리학(팔자술)은 윤회(輪廻)와 같은 불교적 관념이나 신살(神煞)과 같은 불교와 도교가 결합된 성명학(星命學, 별점류)에서 연유한 사고방식들을 배척하였는데, 오자술은 적극적으로 그 의미를 현대적으로 이해하기 위해 노력하고 있다.

목숨을 죽이기 때문이다. 무엇을 마(魔)의 일이라고 이름하는가. 부처님과 같은 분은 공덕과 지혜로써 중생을 제도하여 해탈과 열반에 들게 하는 것을 일로 삼고 있는데, 마(魔)도 또한 이와 같이 항상 중생의 선근(善根)을 파괴하여, 생사의 윤회세계에 유전(流轉)시키는 것을 일로 삼고 있다. 마음을 불도(佛道)의 문에 안정시킬지라도, 도(道)가 높으면 높을수록 마(魔)는 점점 더 왕성하게 된다. 그러므로 반드시 마(魔)의 일을 잘 알아야 하는 것이다.

마(魔)에는 네 가지가 있다. 번뇌마(煩惱魔), 음입계마(陰入界魔), 사마(死魔), 귀신마(鬼神魔) 등이다. 앞의 세 가지 마(魔)는 모두 세상에 흔한 평상시의 일들이기 때문에, 여기서는 살펴보지 않겠다. 그러나 귀신마의 모습에 대하여서는 반드시 알아야 하기 때문에, 이제 간략하게 설명을 하겠다. 귀신마에는 세 가지가 있다. 정매귀(精魅鬼), 퇴척귀(堆惕鬼), 마라귀(魔羅鬼) 등이다.

정매(精魅)라는 것은 12시(時)에 속하는 짐승들이 변화하여 여러 가지의 형색을 만들어내는 것으로, 때로는 소년 소녀나 늙은이의 모습, 무서운 형체 등으로 나타나는데, 여러 가지로 한두 가지가 아니다. 이것들이 수행자를 괴롭히고 현혹시킨다. 이 모든 정매들은 수행자를 괴롭힐 작정으로 그것들이 속한 때가 되면 찾아오는 것이니, 반드시 잘 식별해야 한다.[8)]

---

8) 智顗, 『수습지관좌선법요(修習止觀坐禪法要)』「각지마사(覺知魔事)」

불교의 근본 목적은 삼계육도(三界六道)를 윤회하는 속박의 사슬에서 벗어나 해탈을 이루는 것이다. 윤회를 추동시키는 근본 원인은 탐진치(貪嗔痴)의 삼독(三毒)이며, 이 가운데 치(痴)는 우치(愚癡)로서 근본 무명(無明)과 다름이 아니다. 무명은 윤회의 공간인 삼계육도에 대한 무지이며, 윤회의 시간인 십이지연기법에 대한 무지이다. 따라서 삼계육도와 십이지연기법을 깨우치는 것이 석가세존(世尊)의 성도(成道)였다. 그리고 이것은 동시에 윤회에 대한 철저한 깨달음이라고 할 수 있다. 이 윤회의 시간과 공간을 깨우치자 붓다는 삼명(三明)이라는 세 가지 밝음을 얻게 되는데, 이는 숙명통(宿命通), 천안통(天眼通), 누진통(漏盡通) 등을 가리킨다.

숙명통은 자신의 삼세(三世)를 관통하여 아는 것이며, 천안통은 다른 존재의 삼세를 아는 것이고, 누진통은 윤회의 번뇌에서 벗어나 대자유를 얻는 신통력이다.

지관(止觀)에서, 지(止)는 마음의 어지러움을 고요히 하는 수행법이며, 관(觀)은 대상을 자세히 관찰하여 대상의 참된 모습을 통찰하는 방법을 의미한다. 모두 깨달음을

(第八). 魔羅, 秦言殺者. 奪行人功德之財, 殺行人智慧之命故. 云何名魔事者. 如佛以功德智慧, 度脫衆生, 入涅槃爲事, 魔常以破壞衆生善根, 令流轉生死爲事. 若能安心正道, 道高則魔盛. 故仍須善識魔事. 但有四種. 一煩惱魔, 二陰入界魔, 三死魔, 四鬼神魔. 三種皆是世間之常事, 今不分別. 鬼神魔相, 此事須知, 今當略說. 鬼神魔有三種. 一者精魅, 二堆惕鬼, 三魔羅鬼. 一精魅者, 十二時獸, 變化作種種形色, 或作少女, 老宿之形, 乃至可畏身相等, 種種非一. 以惱惑行者. 此諸精魅欲惱行者, 各當其時而來, 善須別識.

이루기 위한 실천적 방법을 가리키고 있다.

지의대사는 『마하지관』에서 이에 대해 깊은 견해를 보여준다. 지관을 수련하는 과정에서 수행을 방해하는 세력을 마라(魔羅)로 불렀다.[9)]

마라에는 번뇌마, 음입계마, 사마, 귀신마 등이 있다. 번뇌마는 번뇌이며, 음입계마는 오음으로 구성된 존재의 감각기관에서 비롯되는 마(魔)이다. 보고 듣고 먹고 맛보고 생각하는데서 생겨나는 악의 세력을 의미한다. 사마는 죽음이라는 악(惡)이다. 이것은 모든 존재들이 공통적으로 가진 "세상의 흔한 평상시의 일들(世間之常事)"이다. 그러나 귀신마는 실제적 형상을 가지고 있는 이물(異物) 곧 귀신들이다.

귀신마에는 정매귀(精魅鬼), 퇴척마(堆惕鬼), 마라귀(魔羅鬼) 등이 있다. 퇴척마는 "수행자를 괴롭히는 것으로 벌레나 전갈처럼 사람의 얼굴을 타고 돌면서 찌르거나, 떠들썩한 소리로 시끄럽게 하고, 괴상한 짐승의 모습을 하고 있다." 마라귀는 사람에게 공포를 불러일으키고, 무감정하게 만들며, 애착을 낳게 하는 감정의 요동을 의미한다.

정매귀는 이매망량(魑魅魍魎)을 의미한다. 현대인들의 상식으로 귀신이나 도깨비가 여기에 속한다. 이매는 산도

---

9) 마라는 māra를 음대로 적은 것이며, 악마(惡魔), 죽이는 자(殺者), 목숨을 빼앗는 존재(奪命), 장애(障碍) 등을 뜻한다.

깨비, 망량은 물도깨비를 뜻하지만, 산천(山川)이나 목석(木石)의 정령(精靈)에서 생겨나는 온갖 도깨비를 가리킨다.

지의대사는 자신의 수행 도중에 실제 이 같은 이매망량들을 접하고, 이러한 사태에 처해서 수행자는 겁내지 말고, 귀신과 도깨비들의 실상을 알아 꾸짖고 깨우치면 모두 물리치게 될 것이라 가르치고 있는 것이다.

합리적 세계관 속에서 사는 현대인들은 이런 귀신이야기에 냉소적이다. 그러나 문제는 수행 과정에서 등장하는 정신세계의 실상이며, 합리적 세계관을 넘어선 보다 큰 세계에 대한 문제라는 것을 이해하는 편이 좋을 것이다. 음양오행 세계관 역시 냉소적 평가를 받는 마당에 지의대사의 논설은 웃음거리가 될 것이다. 그러나 불교는 "보는 만큼 보인다."고 가르치고 있다.

수행하다가 12시진의 한 때에 정매귀가 수행을 방해하려고 올 때, 36금수의 모습을 띠고 온다.

만일 인시에 온다면 이것은 범이고, 축시에 이르면 소이다. 또 한 때는 셋으로 나뉘니, 12의 때는 곧 36금수가 있다.

인시는 셋이다, 인시의 처음은 이리이고, 그 다음은 표범이며, 그 다음은 범이다.

묘시는 셋이다. 묘시의 처음은 여우이고, 그 다음은 토끼이며, 그 다음은 담비(오소리)이다.

진시는 셋이다. 진시의 처음은 용이고, 그 다음은 교룡(이무기)이며, 그 다음은 물고기이다.

이 9종류는 동방목에 속한다. 9 짐승은 맹중계에 따라서 앞뒤로 정해진다.

사시는 셋이다. 사시의 처음은 매미이고, 그 다음은 잉어이며, 그 다음은 뱀이다.

오시는 셋이다. 오시의 처음은 사슴이고, 그 다음은 말이며, 그 다음은 노루이다.

미시는 셋이다. 미시의 처음은 양이고, 그 다음은 기러기이며, 그 다음은 매이다.

이 9종류는 남방화에 속한다. 9 짐승은 맹중계에 따라서 앞뒤로 정해진다.

신시는 셋이다. 신시의 처음은 긴팔원숭이이고, 그 다음은 꼬리 없는 원숭이이며, 그 다음은 꼬리 있는 원숭이이다.

유시는 셋이다. 유시의 처음은 까마귀이고, 그 다음은 닭이며, 그 다음은 꿩이다.

술시는 셋이다. 술시의 처음은 개이고, 그 다음은 이리이며, 그 다음은 승냥이이다.

이 9종류는 서방금에 속한다. 9 짐승은 맹중계에 따라서 앞뒤로 정해진다.

해시는 셋이다. 해시의 처음은 돼지이고, 그 다음은 큰 개(이리)이며, 그 다음은 멧돼지이다.

자시는 셋이다. 자시의 처음은 고양이이고, 그 다음은 쥐이며, 그 다음은 박쥐이다.

축시는 셋이다. 축시의 처음은 소이고, 그 다음은 게이며, 그 다음은 자라다.

이 9종류는 북방수에 속한다. 9 짐승은 맹중계에 따라서 앞뒤로 정해진다.[10)]

지의대사는 이 글에 뒤이어, 수행자가 이러한 마장(魔障)에 끼이게 되면, "이 사태를 잘 인식한 뒤에 해당 귀신의 이름을 불러 꾸짖어 주면 사라지게 된다."고 한다.

이름을 부른다는 것은 대상과 사태에 대한 분명한 인식을 의미한다. 곧 변금의 이치를 명료하게 알게 되면, 이매망량에 속하는 36정매들은 사라진다. 이는 이매망량이 실재하지 않는 허깨비라는 것이 아니라, 실체를 아는 자에게는 더 이상 효력을 발휘할 수 없다고 이해해야 할 것이다.

오자술의 관점에서라면, 자신의 명(命)을 자각하자, 불의(不意, 뜻하지 않음)로 보이거나 자신이 초래하지 않은

---

10) 『摩訶止觀』卷第八, 『大正新脩大正藏經』 Vol.46, No.1911, CBETA. 若寅是虎, 乃至丑是牛. 又一時爲三, 十二時即有三十六獸. 寅有三. 初是貍, 次是豹, 次是虎. 卯有三. 狐兎貉. 辰有三, 龍蛟魚. 此九屬東方木也. 九物依孟仲季傳作前後. 已有三. 蟬鯉蛇. 午有三. 鹿馬麞. 未有三. 羊雁鷹. 此九屬南方火也. 申有三. 狖猿猴. 酉有三. 烏雞雉. 戌有三. 狗狼豺. 此九屬西方金也. 亥有三. 豕貐猪. 子有三. 猫鼠伏翼. 丑有三. 牛蟹鼈. 此九屬北方水也.

외부의 우연한 사건들이 실은 자신이 초래한 것이라는 깊은 인식에 도달하게 되는 것이다. 36금수이던 36정매이던 이는 모두 12지지의 합생(合生)이 빚어놓은 자연의 조화(造化)이기 때문이다.

오자술은 이러한 선학의 경험을 잘 인식하여, 온고지신의 정신을 가지고 현대적으로 재해석해야 하는 사명을 가지고 있다.

『마하지관』의 36정매(36금수)를 표로 정리하면 다음과 같다.

四季	십이지	36금수(한자)	36정매(한글)
東方 木	寅	이표호貍豹虎	이리, 표범, 범
	卯	호토학狐兎貉	여우, 토끼, 담비/오소리
	辰	용교어龍蛟魚	용, 교룡/이무기, 물고기
南方 火	巳	선리사蟬鯉蛇	매미, 잉어, 뱀
	午	녹마장鹿馬麞	사슴, 말, 노루
	未	양안응羊雁鷹	양, 기러기, 매
西方 金	申	유원후狖猿猴	긴팔원숭이, 꼬리 없는 원숭이, 꼬리 있는 원숭이
	酉	오계치烏雞雉	까마귀, 닭, 꿩
	戌	구랑시狗狼豺	개, 이리, 승냥이
北方 水	亥	시유저豕貐猪	돼지, 큰 개/이리, 멧돼지
	子	묘서복익猫鼠伏翼	고양이, 쥐, 박쥐
	丑	우해별牛蟹鼈	소, 게, 자라

5. 현대의 36금수(禽獸)-Zoo Book

현대의 36금수는 『오행대의』, 『마하지관』 등의 옛 이론을 계승하고 있다. 여기에 더해서, 천간을 동물 상징으로 표현하는 십간의수(十干擬獸)를 제시하고 있다.

1) Zoo Book의 표준 36금수(禽獸)

子			丑			寅			卯			辰			巳		
연 燕	서 鼠	복 蝠	우 牛	해 蟹	별 鼈	리 狸	표 豹	호 虎	위 蝟	토 兎	단 猯	용 龍	교 鮫	어 魚	선 鱓	구 蚯	사 蛇
제비	쥐	박쥐	소	게	자라	삵	표범	범	고슴도치	토끼	오소리	용	교룡	물고기	드렁허리	지렁이	뱀

午			未			申			酉			戌			亥		
록 鹿	마 馬	장 獐	양 羊	응 鷹	안 雁	묘 猫	원 猿	후 猴	치 雉	계 鷄	연 鳶	구 狗	낭 狼	시 豺	돈 豚	저 猪	환 貛
사슴	말	노루	양	매	기러기	고양이	원숭이	긴팔원숭이	꿩	닭	솔개	개	이리	승냥이	돼지	암퇘지	멧돼지

위는 표준적인 36금수이다. 그러나 임상의 현장에서는 다른 동물 상징이 개입할 수도 있다. 예를 들어 인목(寅木)에는 여우가 속하거나, 사화(巳火)에는 매미 등을 고려

할 수 있다.

2) 십간의수(十干擬獸)

『삼명통회(三命通會)』에는 36금수와 관련된 유명한 이야기가 있다.

혹자가 물었다. "지지에는 속상(屬相)이 있지만, 천간에는 없습니다. 무슨 이유입니까?"[11)]

속상(屬相)은 생초(生肖)와 같은 말이고, 현대 중국어에 계승되어 있다. "너는 어디에 속하는가(你屬什么)?"라는 중국어는 곧 "너는 무슨 띠인가?"라는 말이다. 혹자는 천간에는 지지와 같은 속상이 없다는 것이 의문이었다.

답했다. "천간은 동(動)하니 상이 없고, 지지는 정(靜)하니 상이 있다. 대개 경청(輕淸)한 것은 하늘이고 중탁(重濁)한 것은 땅이다. 중탁 가운데 사물이 있다. 그래서 자에는 쥐가 속하고, 축(醜=丑)에는 소가 속하고, 인에는 범, 묘에는 토끼, 진에는 용, 사에는 뱀, 오에는 말, 미에는 양, 신에는 잔나비, 유에는 닭, 술에는 개, 해에는 돼지가 속한다."[12)]

---

11) 『三命通會』(卷1)「論地支屬相」. 或問地支有屬相. 而天干則無者, 何也.

12) 『三命通會』(卷1)「論地支屬相」. 答曰, 天干動而無相, 地支靜而有相. 蓋輕清者天也, 重濁者地也. 重濁之中, 乃有物焉. 故子屬鼠, 丑屬牛, 寅屬虎, 卯屬兎, 辰屬龍, 巳屬蛇, 午屬馬, 未屬羊, 申屬猴, 酉屬雞,

천지음양(天地陰陽)의 본성 때문이라는 답이다. 혼돈의 일기(一氣)로부터 경청(輕淸, 가볍고 맑은 기)한 기운은 하늘이 되고 모든 양의 뿌리가 되며, 중탁(重濁, 무겁고 탁한 기)한 기운은 땅이 되고 모든 음의 뿌리가 된다. 이와 같은 천지우주론(cosmology)에서 천지음양은 만물을 낳은 부모와 같다. 천지가 교합(交合)하여, 즉 합생(合生)하여 사물을 낳는다. 이에 따라 사물의 무형(無形)적인 측면은 하늘의 소관이고, 유형(有形)적인 측면은 땅의 소관이 된다.

구체적인 상징인 속상이 지지에만 배당된 것은 천지음양의 우주론에서는 자연스러운 사실이 된다. 하지만 이는 이상적인(ideal) 원론에 해당한다.

Zoo Book은 천간에 동물 상징을 정했는데, 이를 십간의수(十干疑獸)라고 한다. 십간의수의 도출 방식은 3가지이다.[13]

첫 번째, 지지(地支)의 정기(正氣)를 그대로 십간에 배당한다.

두 번째, 사정(四正)에 배당된 금수 전후(前後)의 양음(陽陰)에 따라 배정한 것이다.

세 번째, 짐승의 부각된 속성에 따라 운용(運用)의 묘(妙)를 살려 배합한 것이다.

戌屬犬, 亥屬豬.

13) 이수, 『명리36금수』, 장서원, 2008, 22쪽 참고.

첫 번째와 두 번째는 지장간(地藏干)에 대한 이해에서 비롯된 것이다. 지장간은 지지 안에 함장된 천간의 기운을 가리킨다. 이를 통해 지지의 기운을 보다 세분화해서 분석하는 것이다. 지지는 천간의 순일한 기운과 달리 잡박(雜駁)하다. 이 잡박의 의미를 구체적으로 드러낸 것이 지장간이다. 지장간 속에는 2~3개의 천간 기운이 들어 있으며, 이는 계절의 오행을 담아놓은 것이다. 그래서 2~3개의 지장간은 여기(餘氣), 중기(中氣), 정기(正氣) 등으로 계절이 진행하면서 변화하는 오행의 기운을 나타내고 있다.

地支		子	丑	寅	卯	辰	巳	午	未	申	酉	戌	亥
支藏干	餘氣	壬	癸	戊	甲	乙	戊	丙	丁	戊	庚	辛	戊
	中氣		辛	丙		癸	庚	己	乙	壬		丁	甲
	正氣	癸	己	甲	乙	戊	丙	丁	己	庚	辛	戊	壬

인목(寅木)의 예를 들어보자. 인목은 1월에 해당하며, 이전 축월(丑月)의 토(土)기운을 여기(餘氣)로 받아들이고 있다. 12월에서 1월로 옮기는 즉시 기운이 바뀌는 것이 아니라 차츰 바뀌기 때문이다. 그래서 여기가 무토(戊土)이다. 또한 인목(寅木)은 인오술(寅午戌) 삼합(三合)으로 화(火)이며, 화기(火氣)의 시작점이다. 따라서 병화(丙火)

가 존재하고 이를 중기(中氣)라고 한다. 그리고 인월(寅月)의 특성을 잘 드러내는 정기(正氣)는 역시 갑목(甲木)이다. 이렇게 토기(土氣), 화기(火氣), 목기(木氣)의 특성이 결합되어 있는 것이 지지의 잡박함이자, 구체성이다.

가. 지지의 정기(正氣)를 십간에 배당할 경우는 다음과 같다.

天干	甲	乙	丙	丁	戊	己	庚	辛	壬	癸
지장간(正氣)	寅	卯	巳	午	戌	丑	申	酉	亥	子
한자	호虎	토兎	사蛇	장獐	시豺	별鼈	후猴	연鳶	환貛	복蝠
한글	범	토기	뱀	노루	승냥이	자라	원숭이	솔개	멧돼지	박쥐

나. 사정(四正) 전후의 음양에 따른 배정

사정(四正)에 해당하는 36금수의 맹중계(孟仲季)는 다음과 같다. 여기서 사정의 정기(正氣)에 해당하는 것은 중(仲)의 점심(낮)이고, 중의 전후는 계(季)와 맹(孟)인데, 이는 아침과 저녁에 해당한다.

子			卯			午			酉		
연 燕	서 鼠	복 蝠	위 蝟	토 兎	단 猯	록 鹿	마 馬	장 獐	치 雉	계 鷄	연 鳶
제비	쥐	박쥐	고슴도치	토끼	오소리	사슴	말	노루	꿩	닭	솔개
季	仲	孟	季	仲	孟	季	仲	孟	季	仲	孟

이에 따라 천간에 금수를 배정하면 다음과 같다.

子			卯			午			酉		
연 燕		복 蝠	위 蝟		단 猯	록 鹿		장 獐	치 雉		연 鳶
제비		박쥐	고슴도치		오소리	사슴		노루	꿩		솔개
壬		癸	甲		乙	丙		丁	庚		辛

천간의 무(戊)와 기(己)에 해당하는 지지는 진술축미(辰戌丑未)인데, 이 사고(四庫)의 글자에 포함된 지장간의 속

성에 따라 금수를 배당한다.

丑	辰	未	戌
癸	乙	丁	辛
辛	癸	乙	丁
己	戊	己	戊

축(丑)과 진(辰)은 음토(陰土)이며, 미(未)와 술(戌)은 양토(陽土)이다. 그런데 축(丑)은 지장간이 모두 음(陰)이기 때문에 순일(純一)한 음토(陰土)이며, 미(未)는 지장간이 음(陰)이기 때문에, 술(戌)에 비해서 순일한 양토(陽土)가 아니다. 따라서 축(丑)과 술(戌)이 천간으로 각각 기(己)와 무(戊)에 해당한다. 따라서 축(丑)과 술(戌)의 낮인 중(仲)에 해당하는 금수를 채택한다.

丑			戌		
우牛	해蟹	별鼈	구狗	낭狼	시豺
소	게	자라	개	이리	승냥이
	己			戊	

다. 경험적 운용

경험적 운용의 묘(妙)를 살린 것은 문헌적으로 기존부터 사용되어 온 상징을 검토하고, 임상적 체험을 바탕으로 한 것이다.

天干	甲	乙	丙	丁	戊	己	庚	辛	壬	癸
한문	호狐	초貂	록鹿	장獐	표豹	해蟹	오烏	치雉	연燕	복蝠
한글	여우	담비	사슴	노루	표범	게	까마귀	꿩	제비	박쥐

색이 칠해진 금수들은 약간의 설명이 필요하다.

갑(甲)의 여우, 을(乙)의 담비 등은 기존 금수론을 수용한 것이다. 무(戊)의 표범은 인(寅)의 표범에 해당하지만, 임상적 체험에서 유추한 것이고, 경(庚)의 까마귀도 그렇다. 신(辛)의 꿩은 경에도 해당되는 점을 유의해야 한다.

천간의수(天干擬獸)는 천간(天干)을 동물 상징으로 이해하여, 한 개인의 성격과 특성을 파악하는데 매우 요긴하게 사용된다. 오자술의 경우, 지장간의 합생을 파악하는데 매우 비중 있게 다루어진다.

천간의수를 도출하는 3가지 관점을 종합하면 다음과 같다.

天干	甲	乙	丙	丁	戊	己	庚	辛	壬	癸
1	호虎	토兎	사蛇	장獐	시豺	별鼈	후猴	연鳶	환貛	복蝠
2	위蝟	단猯	록鹿	장獐	랑狼	해蟹	치雉	연鳶	연燕	복蝠
3	호狐	초貂	록鹿	장獐	표豹	해蟹	오烏	치雉	연燕	복蝠

6. 36금수론(禽獸論)에 대한 회의적 시선

12지 동물에 대한 회의는 오행의 상생과 상극에 대한 기초적인 이해를 벗어나는 상황에 대한 오해에서 비롯되는 경우가 많다. 상생과 상극은 일대일 대응의 고착된 형식이 아니다.

역사적으로 오행의 상생과 상극의 이론을 실제적인 금수에 적용하면서, 금수의 생태가 오행이론과 부합하지 않는 것을 증거로, 오행이론의 무용함을 지적해 왔다. 왕충(王充)의 논의가 가장 대표적이다. 왕충은 12지지와 12동물을 결합한 것을 음양오행론으로 이해하면서도, 오행의 이론과 부합하지 않는 것에 회의하고 있다.

인(寅)은 목(木)이며 그 짐승은 범이다. 술(戌)은 토(土)이고, 그 짐승은 개다. 축(丑)과 미(未) 또한 흙이다. 축(丑)의 짐승은 소이고, 미(未)의 짐승은 양이다. 목(木)은 토(土)를 이기므로(목극토木克土), 개, 소, 양은 범에게 복종한다.

해(亥)는 수(水)이고 그 짐승은 돼지이다. 사(巳)는 화(火)이고 그 짐승은 뱀이다. 자(子) 또한 수(水)이고 그 짐승은 쥐이다. 오(午) 또한 화(火)이고 그 짐승은 말이다. 수(水)는 화(火)를 이기므로(수극화水克火), 돼지는 뱀을 먹는다. 화(火)는 수(水)에게 해를 입히니, 말은 쥐의 똥을 먹으면 배가 부풀어 오른다.

유(酉)는 닭이고, 묘(卯)는 토끼이다. … 수(水)는 화(火)를 이기지 못하는데, 쥐가 어찌 말을 쫓지 않는가? 금(金)이 나무를 이기는데(금극목金克木), 닭이 어찌 토끼를 쪼지 못하는가? 토(土)가 수(水)를 이기는데, 소와 양이 어찌 돼지를 죽이지 못하는가? 화(火)가 금(金)을 이기는데(화극금火克金) 뱀은 어찌 원숭이를 먹지 않는가? 원숭이라는 것은 쥐를 두려워한다. 원숭이를 무는 것은 개다.

쥐는 수(水)이고 원숭이는 금(金)이다. 수(水)는 금(金)을 이기지 못하는데, 원숭이는 무슨 연고로 쥐를 무서워하는가? 술(戌)은 토(土)이고, 신(申)은 금(金)이며 원숭이다. 토(土)는 금(金)을 이기지 못하는데, 원숭이는 무슨 연고로 개를 두려워하는가?14)

왕충은 오행의 상생과 상극 논리에 벗어나는 예를 들고 있다. 이와 같은 회의는 음양오행론을 의심의 눈초리로 바라보는 현대인에게도 그대로 전해지고 있다. 그러나 이

---

14) 王充, 『論衡』「物勢」. 寅, 木也, 其禽虎也. 戌, 土也, 其禽犬也. 醜, 未, 亦土也, 醜禽牛, 未禽羊也. 木勝土, 故犬與牛羊爲虎所服也. 亥水也, 其禽豕也. 巳, 火也, 其禽蛇也. 子亦水也, 其禽鼠也. 午亦火也, 其禽馬也. 水勝火, 故豕食蛇. 火爲水所害, 故馬食鼠屎而腹脹. … 酉, 雞也, 卯兔也. 水勝火, 鼠何不逐馬. 金勝木, 雞何不啄兔. … 土勝水, 牛羊何不殺豕. 巳, 蛇也.申, 猴也. 火勝金, 蛇何不食獼猴. 獼猴者, 畏鼠也. 囓獼猴者, 犬也. 鼠, 水. 獼猴, 金也. 水不勝金, 獼猴何故畏鼠也. 戌, 土也, 申, 猴也. 土不勝金, 猴何故畏犬.

는 단견에 불과하다. 오행의 상생과 상극의 논리는 음양오행론과 결합하여 보다 입체적이며 심층적이고 다면적인 성격을 가지고 있기 때문이다. 이에 대해 Zook Book의 논리는 이렇다.

무릇 오행은 절대적인 관계로만 성립되지 않는다. 목(木)과 토(土), 수(水)와 화(火) 같이 양자 간에 어느 한 쪽이 일방적으로 이기고 지는 법이 없다. 이 보다 훨씬 복잡하고 유기적이어서 어느 것 하나 단정하기 어렵다. 그리고 환경은 필시 변하기 마련이다.

이를 테면 인(寅, 범)과 술(戌, 개)은 목(木)이 토(土)를 이기는 관계라기보다는 오히려 합생(合生)하는 효용을 나타낸다. (*인오술寅午戌은 삼합三合의 관계로 화국火局을 짓는다) 사(巳, 뱀)와 해(亥, 돼지)에서 수(水)가 화(火)를 이기는 게 아니라 둘 다 절멸하는 관계가 기본이다. (*사巳와 해亥는 충沖의 관계이다. 충沖은 절멸絶滅을 의미한다.) 봉시장사(封豕長蛇, 큰 돼지와 긴 뱀이라는 뜻으로, 탐욕스럽고 잔인한 사람을 이르는 말)로 돼지는 뱀을 잡아 먹지만, 뱀도 돼지를 삼킬 수 있다는 얘기다.[15]

이뿐만 아니라, 12금수가 아닌 36금수에 이르면 더욱 정밀한 논의가 가능하다.

---

15) 이수, 『명리36금수』, 장서원, 2008, 28~29쪽 참고.

오소리가 닭장을 습격하지만, 솔개는 토끼를 사냥한다. (*오소리=토끼=묘卯, 닭=솔개=유酉) 묘(卯)가 유(酉)를, 유(酉)가 묘(卯)를 각기 이기는 상황이다. 우주와 자연 뿐만 아니라 동물에게도 일방적으로 제압하거나 제압당하는 법은 없다.

인간은 지렁이도 먹고 지렁이를 먹은 물고기도 먹는 만물의 영장이지만, 생태계의 최하부에 놓인 지렁이에 의해 시신이 해체된다. 자연계의 질서는 이 같은 식으로 순환한다.[16)]

오행의 상생과 상극은 원론이며, 그 이전에 상생과 상극이 지향하는 상호 관계된 전체 우주라는 철학적 배경에 대한 깊은 인식이 필요하다. 36금수를 포함해서 역술이나 명리학은 물론, 동양철학의 심오한 인식은 만물(萬物)은 일체(一體)이며, 만물은 상호 연기되어 있다는 것이다. 이런 바탕 위에 음양오행론을 이해한다면, 왕충과 같은 단견에 빠지지 않을 것이다.

---

16) 위의 책, 29쪽.

7. 오자술 명식(命式) 세우는 법

이제 36금수를 실제 오자술에 적용하는 방법에 대해 소개한다. 오자술의 명식은 기본적으로 『달마일장금』의 원칙에 충실하면서, 팔자술(신법명리학)의 이론이 융합되어 있다.

1) 불수장결도(佛手掌訣圖)

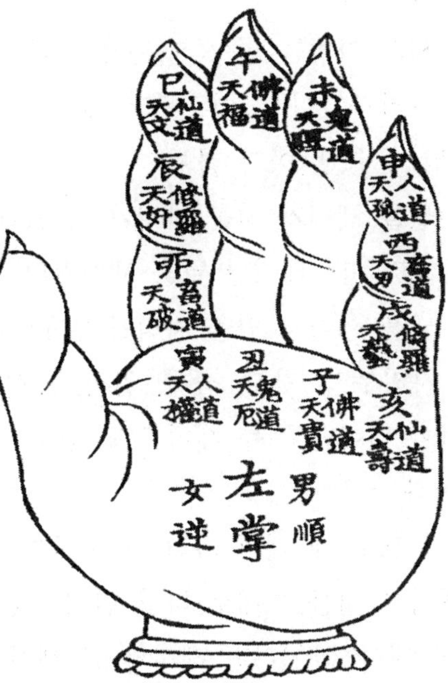

불수장결도(佛手掌訣圖)

위에 그림은 『달마일장금』에 소개된 「불수장결도(佛手掌訣圖)」이다. 이 그림은 오자술의 명식을 세우기 위한 가장 기초적인 단계를 알려준다.

왼손의 엄지손가락을 제외한 네 손가락의 마디에 12지지를 붙인다. 왼손의 엄지로 각 마디를 짚는다. 여기서 주의할 것은 남자는 순행(順行)이고 여자는 역행(逆行)이라는 것이다. 이는 음양을 구분하는 것이며, 순행과 역행에 가치의 우열을 두고 있는 것은 아니다.

가. 준비할 것은 자신이 태어난 해, 달, 날, 시의 정보만 있으면 된다.
나. 태어난 해의 간지는 연주(年柱)가 된다.
다. 연주의 자리가 1이며, 이로부터 태어난 월을 세어간다. (남자 순행, 여자 역행)
라. 태어난 월을 세어가 멈춘 자리가 월주(月柱)이다. 월주의 자리부터 태어난 날을 세어간다.
마. 태어난 날을 세어가 멈춘 자리가 일주(日柱)이다. 일주의 자리부터, 자시, 축시, 인시, 묘시 … 해시까지 자신이 태어난 시를 세어간다. 멈춘 자리가 시주(時柱)이다.
라. 여기까지 모두 네 개의 자리 즉 사주가 세워졌다.
마. 원래 태어난 시를 그대로 다섯 번째 주(柱)로 만든다. 가령 해시(亥時)라면 해시가 곧 생시주(生時柱)이다.

이런 절차를 통해 오주가 세워지고 글자는 총 여섯 글자이다. 오주육자(五柱六字), 곧 오자술의 명식이다.

남자와 여자의 사례를 각각 들어 연습해 보도록 하자.

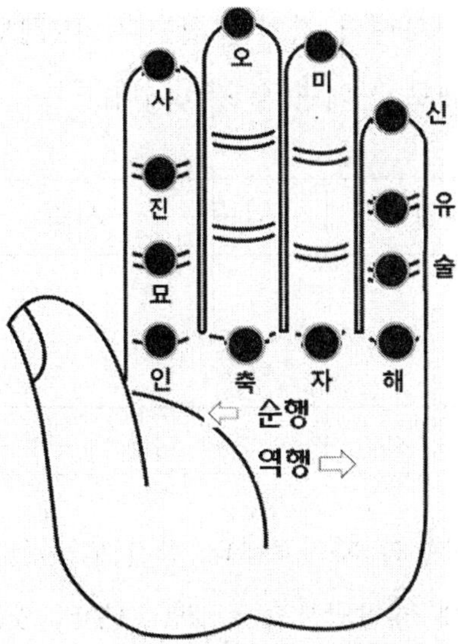

<남자의 명식>

사례 : 1971년 4월 5일 오후 1시 50분 출생 (음력)

연주	월주	일주	시주	생시(주)

위의 다섯 기둥은 연주, 월주, 일주, 시주, 생시주로 구성되어 있다. 가장 마지막의 생시주는 줄여서 "생시(生時)"라고 한다. 각 주를 순서에 맞춰 세워보자.

① 연주 : 1971년의 간지를 찾는다. 1971년은 돼지띠 해로 신해년(辛亥年)이다.

연주	월주	일주	시주	생시(주)
辛				
亥				

② 월주 : 연주의 자리로부터 장결(掌訣)을 짚는다. 4월에 태어났으므로, 해(亥)부터 넷(4)을 센다. 남자는 순행이다. 해자축인(亥子丑寅=1, 2, 3, 4). 인(寅)이 월주이다.

연주	월주	일주	시주	생시(주)
辛				
亥	寅			

③ 일주 : 월주의 자리에서부터 장결을 짚는다. 5일에

났으므로, 인(寅)부터 다섯(5)을 센다. 인묘진사오(寅卯辰巳午=1, 2, 3, 4, 5). 오(午)가 일주이다.

연주	월주	일주	시주	생시(주)
辛				
亥	寅	午		

④ 시주 : 일주의 자리에서부터 장결을 짚는다. 이 남자는 오후 1시 50분에 태어났으니 미시(未時)이다. 일주의 오(午)로부터 숫자가 아닌, 지지의 순서대로 미(未)까지 세어간다.

장결의 자리	午	未	申	酉	戌	亥	子	丑	寅
미시	자시	축시	인시	묘시	진시	사시	오시	미시	

위에 따라 시주의 자리는 축(丑)이 된다.

연주	월주	일주	시주	생시(주)

辛				
亥	寅	午	丑	

⑤ 생시 : 생시의 자리는 태어난 오후 1시 50분에 해당하는 미시(未時)를 그대로 써 준다. 이 남자의 명식은 최종적으로 다음과 같다.

연주	월주	일주	시주	생시(주)

辛				
亥	寅	午	丑	未

다음은 태어난 시각을 지지로 전환하는 표이다.

지지	시각	시간대	순서
자	11:30~01:30	자정무렵	1
축	01:30~03:30		2
인	03:30~05:30		3
묘	05:30~07:30		4
진	07:30~09:30	아침무렵	5
사	09:30~11:30		6
오	11:30~01:30	정오무렵	7
미	01:30~03:30		8
신	03:30~05:30		9
유	05:30~07:30		10
술	07:30~09:30	저녁무렵	11
해	09:30~11:30		12

간지로 시간을 나누는 방식은 현대의 2시간이 하나의 묶음이다. 기준은 자시(子時)로서, 자시는 전날 한 밤중 11시부터 다음날 새벽 1시까지로 정한다. 그런데 우리나라의 현대 시간은 일본 동경(東京, 도쿄)을 기준으로 하는 시간과 같다. 보다 정밀하게 측정하기 위해, 동경은 서울보다 동쪽에 위치하여 해 뜨는 시각이 30분정도 빠르기 때문에, 위의 표처럼 자시는 "전날 밤 11시 30분부터 다음날 새벽 1시 30분까지"로 정해진다.

<여자의 명식>

사례 : 1973년 7월 21일 오전 10시 출생 (음력)

① 연주 : 1973년의 간지를 찾는다. 1973년은 소띠해로 계축년(癸丑年)이다.

연주	월주	일주	시주	생시(주)
癸				
丑				

② 월주 : 연주의 자리로부터 장결을 짚는다. 7월에 태어났으므로, 축(丑)부터 일곱(7)을 센다. 여자는 역행이다. 축자해술유신미(丑子亥戌酉申未=1, 2, 3, 4, 5, 6, 7). 미(未)가 월주이다.

연주	월주	일주	시주	생시(주)
癸				
丑	未			

③ 일주 : 월주의 자리에서부터 장결을 짚는다. 21일에 태어났으므로, 미(未)부터 스물 하나(21)를 센다. 미오사진묘인축자해술유신미오사진묘인축자해(未午巳辰卯寅丑子亥戌酉申未午巳辰卯寅丑子亥=1, 2, 3, 4, 5 … 21). 해(亥)가

일주이다.

그런데 장결을 짚는 요령에서 1=13=25의 관계를 기억해야 한다. 장결을 한바퀴 돌아 제 자리에 오면, 13번째와 25번째의 자리가 같다는 의미이다. 미오사진묘인축자해(未午巳辰卯寅丑子亥=13, 14, 15, 16, 17, 18, 19, 20, 21). 역시 해(亥)의 자리에 도달한다.

연주	월주	일주	시주	생시(주)
癸				
丑	未	亥		

④ 시주 : 일주의 자리에서부터 장결을 짚는다. 이 여자는 오전 10시에 태어났으니, 사시(巳時)이다. 일주의 해(亥)로부터 숫자가 아닌, 지지의 순서대로 사까지 세어간다.

주의할 것은 여자이므로 역행이다!

장결의 자리	亥	戌	酉	申	未	午	巳	辰
미시	자시	축시	인시	묘시	진시	사시	미시	

위에 따라 시주의 자리는 오(午)가 된다.

연주	월주	일주	시주	생시(주)
癸				
丑	未	亥	午	

⑤ 생시 : 생시의 자리는 태어난 오전 10시에 해당하는 사시(巳時)를 그대로 써 준다. 이 여자의 명식은 최종적으로 다음과 같다.

연주	월주	일주	시주	생시(주)
癸				
丑	未	亥	午	巳

2) 명식(命式) 해석 방법

오주육자에 담긴 천간과 지지의 상징 내용을 해석하면, 한 개인의 성격은 물론 미래에 마주하게 될 사건을 예측할 수 있다. 오자술에 관한 해설서는 아래와 같다.

· 이 수, 『이표신기』, 장서원, 2012.

· 원진랑, 『일장금 명리학』, 고려역학출판사, 2010.
· 황정원, 『오자술 매트릭스』, 장서원, 2010.
· 윤기옥, 황인희, 『십이운수』, 장서원, 2009.
· 임태희, 『간파명운』, 장서원, 2009.

① 오주(五柱)의 의미 : 연령과 원형리정元亨利貞

연주	월주	일주	시주	생시(주)
~15세	15~30세	30~45세	45~60세	60세~

각 주는 15년 정도의 운기를 주관한다. 이는 원형리정元亨利貞에 따른 관법觀法이다. 원형리정은 봄, 여름, 가을, 겨울의 사계절이 가지고 있는 고유한 덕德과 힘을 뜻한다. 원元은 봄, 형亨은 여름, 리利는 가을, 정貞은 겨울에 해당한다. 인생 또한 초년에서 중년을 거쳐 말년으로 향하는데, 이것을 원형리정의 흐름에 비유할 수 있다. 곧 원형리정의 관법은 시간의 흐름을 반영한 연령의 변화에 따른 명운命運을 살피는 방법이다.

오주 전체가 한 개인의 모든 것이지만, 특정한 연령에 해당하는 주(柱)가 더욱 핵심적이다. 예를 들어 25살이 되는 남녀는 월주月柱의 영향이 특히 강하고, 60이 넘은 남녀에게는 생시生時의 영향력을 더 고려하는 것이다.

② 오주(五柱)의 의미 : 가족관계와 근묘화실根苗花實

연주	월주	일주	시주	생시(주)
명주=자신	부모형제자매	배우자	자식	자식

오주는 육친궁을 의미한다. 육친(六親)은 한 개인이 관계 맺는 가족관계 전체를 의미한다. 궁(宮)이라는 의미는 육친의 자리가 고정되어 있다는 뜻이다. 위의 표는 육친궁을 나타낸 것이다.

연주의 지지는 명주(命主)로서, 자기 자신을 의미한다. 월주는 부모, 형제, 자매와 같은 혈연관계를 의미한다. 일주는 배우자로서, 처나 남편의 자리이다. 시주와 생시는 모두 자식의 자리이다.

이를 근묘화실根苗花實에 따른 관법이라 부른다. 인간은 부모와 조상이 없이는 탄생할 수 없고, 자식과 자손을 낳아 기를 수 있는 존재이다. 혼인을 하지 않거나, 자식을 두지 않을 수는 있지만, 그렇다고 인간에게서 혼인이나 자식을 둘 가능성이 아예 주어지지 않은 것은 아니다. 이는 초목이 싹을 틔우고, 줄기와 가지를 내고, 꽃을 피워 열매를 맺는 전체 생태에 비유할 수 있다.

③ 네 가지 명命

오자술에서는 연주의 천간을 녹(祿)이라 하고, 연주의 지지 삼합 오행을 명(命)이라 한다. 그리고 신(身)은 띠이며, 명(命)과 같이 생각한다. 예를 들어 신해생(辛亥生) 남자의 명(命)은 목명(木命)이다. 지지의 삼합(三合) 오행(五行)을 명으로 삼기 때문이다.

모든 인간은 다음의 네 가지 명에서 벗어나지 않는다.

사유축(巳酉丑) 금(金) : 금명(金命)
인오술(寅午戌) 화(火) : 화명(火命)
해묘미(亥卯未) 목(木) : 목명(木命)
신자진(申子辰) 수(水) : 수명(水命)

신해년에 태어난 남자의 해(亥)는 주체인 신(身)을 의미한다. 그런데 이 주체는 단지 해수(亥水)만을 의미하지 않고, 동시에 목명(木命)의 일원이기도 하다.

④ 근묘화실론의 적용

한 개인이 맺고 있는 가족 관계를 살피는 것은 각 육친궁을 비교하는 다음과 같은 방식을 따른다.

연주	월주
명주 = 자신	부모 형제자매

연주와 월주의 지지를 비교하여, 나와 부모, 형제, 자매의 관계를 알아본다. 다른 것도 마찬가지이다. 배우자와의 관계를 알아보려면, 명주와 배우자의 자리에 있는 지지가 갈등하는지 조화하는지를 알아보면 된다. 자식 관계 역시 명주와 비교하는 것이다. 그런데 이보다 더 확장된 방법도 있다.

예를 들어 남자의 명식인 경우, 배우자인 처와 시부모의 관계를 보려면, 월주와 일주를 비교하면 된다. 매우 단순한 방법이지만, 실제적 효력은 놀랍다.

1971년 4월 5일 미시(未時), 건명(乾命, 남자)

辛
亥 寅 午 丑 未

목명(木命)인 남자의 부모에 해당하는 자리(육친궁)은 월주의 인목(寅木)이며, 배우자 자리는 일주의 오화(午火)이다. 인목과 오화는 인오회(寅午會)의 관계이다. 인오회는 인오술(寅午戌) 삼합(三合)의 관계를 기본으로 가지고 있다. 삼합은 강력해서 두 개의 글자가 이어져도 합(合)의 힘을 갖는다. 이전에는 이를 반합(半合)이라고 불렀다.

이 남자의 처는 시부모와 관계가 좋다. 합이 들었기 때문이다. 더 나가 오자술은 이 남자의 처가 천복성(天福星)의 별을 가지고 있다고 한다. 장가를 잘 든 것이다.

그런데 이 남자는 처와 드러난 합이 없어 보이기 때문에, 약간 사이가 안 좋다고 볼 수도 있을 것이다. 그러나 해(亥)와 오(午)는 해오인(亥午引)의 관계를 갖는다. 인(引)은 지장간이 암합을 하기 때문에 서로 끌리는 관계를 나타낸다. 해중(亥中) 임수(壬水)와 오중(午中) 정화(丁火), 오중(午中) 기토(己土)와 해중(亥中) 갑목(甲木) 등이 합생을 한다. 해(亥)와 오(午)는 돼지와 사슴으로써, 서로 공존하면서 별반 해를 끼치지 않는 사이이다. 인오(寅午)의 합은 시가댁 식구들과도 사이가 좋다는 것을 보여준다.

⑤ 육친성(六親星)

오행의 상생과 상극이라는 법칙을 인간 세상에 적용하면, 6가지의 관계가 도출된다. 이를 육신론(六神論)이라고 하며, 이것을 가족 관계나 가까운 인간관계에 적용하면 육친성(六親星)이 도출된다.

이처럼 육친성은 연월일시의 각 주에 고정된 육친의 자리를 배당하는 육친궁(六親宮)과 다른 개념이다. 각 주에 따른 육친을 배당하는 육친궁은 근묘화실에 따른 정적(靜的)인 파악방식이고, 육친성은 네 가지 명을 기준으로 하여, 오행의 상생과 상극 관계에 따라 도출된 육친 관계를 파악하는 동적(動的)인 방법이다.

태어난 연월일시를 오행으로 구분하면 모두 5개가 될 것이다. 그런데 오행은 홀로 존재하지 않고 반드시 관계를 맺고 있다. 예를 들어, 위의 돼지띠 남자는 명주가 해(亥)이지만, 삼합의 명(命)은 목(木)이다. 해묘미(亥卯未) 목(木)이기 때문이다. 따라서 오행은 목(木)이다. 주체를 중심으로 다음과 같은 관계가 성립된다.

木 - 木
木 - 火
木 - 土
木 - 金
木 - 水

"木-木"은 같은 기운이므로, 형제나 자매처럼 같은 기운을 가지고 있다는 의미에서 비(比)라고 한다.

"木-火"는 목생화(木生火)의 상생으로서, 목(木)이 화(火)를 돕는 관계이며, 이를 식(食)이라고 한다. 화(火)는 가만히 있지 않고 힘을 내서 움직여야만 먹을 것이 생기므로, 식(食)이라는 이름을 붙였다.

"木-土"는 목극토(木克土)의 상극관계이다. 목(木)이 토(土)를 다루는 것이 마치 밭을 일구고 삶의 터전을 만드는 모습과 같아, 재(財)라는 이름을 가지고 있다.

"木-金"은 금극목(金克木)의 상극관계인데, 명주의 목(木)이 제압을 당하는 관계이다. 이는 마치 국가나 관청과 같은 거역할 수 없는 외부의 권위에 소속되고, 부과된 규율에 따라야 하는 관계와 같기 때문에, 관(官)이라 이름 붙였다.

"木-水"는 수생목(水生木)의 관계인데, 목(木)의 입장에서 수(水)는 항상 나를 돕고 후원해 주는 기운이 된다. 든든한 배경을 얻은 것처럼, 마치 증표를 손에 쥔 것과 같아 남들로부터 인정을 받게 되고, 자유롭게 출입할 수 있으므로 도장(圖章)을 뜻하는 인(印)이라 부른다.

비식재관인(比食財官印), 여기에 주체를 의미하는 것은 아(我)라고 하여, 모두 합하면 여섯 가지가 되고, 이를 육신(六神)이라 한다. 그러므로 육신은 아비식재관인(我比食財官印)을 말한다. 이를 남녀가 맺는 인간관계에 상응시키면, 육친성(六親星)이 된다.

비(比)는 주체와 같은 오행으로, 형제(兄弟)와 자매(姊妹)에 상응한다.

식(食)은 특히 여자에게는 자식이 된다.

재(財)는 아버지가 된다. 아버지는 자식을 두면, 부양의 의무를 지기 때문에, 자식은 아버지를 극(克)하는 존재로 규정된다.

재(財)는 또한 남자에게 있어 아내를 의미한다. 여자는 혼인 뒤에는 자식을 낳고 기르면서 몸을 상하는 극을 받게 되기 때문이다.

관(官)은 남자에게는 자식이지만, 여자에게는 남편이 된다. 그래서 여자는 자식에 해당하는 식을 가지고, 남편인 관을 제어할 수 있다.

인(印)은 나를 낳아 주는 기운으로서 어머니이다.

1971년 4월 5일 미시(未時), 건명(乾命, 남자)

辛
亥 寅 午 丑 未
木 比 食 財 財

이 남자는 주체가 해수(亥水)이다. 그런데 해수는 해묘미(亥卯未) 목(木)에 속하는 목명(木命)이므로, 주체인 명(命)과 신(身)은 목(木)이다.

인목(寅木)은 같은 목(木)의 기운이므로 비(比)이고, 오화(午火)는 목생화(木生火)이므로 식(食)이며, 축토(丑土)는 목극토(木克土)이므로 재(財)이고, 미토(未土) 역시 목극토(木克土)이므로 재(財)가 된다.

여기에 천간 신금(辛金)은 녹(祿)이며, 이는 금극목(金克木)이므로 관(官)에 상응한다.

육친궁과 육친성의 관법에 Zoo Book이 더해지면, 한 개인의 혈연관계가 손 안에서 파악된다. "내 손안에 있다"는 일장금의 호언이 거짓이 아니었음을 아는 순간이다.

경전에서 말하길, "12개의 궁宮들은 갔다가 다시 돌아오니, 오직 겹치거나 포개어지는 중첩이 있을 뿐 저 강산을 달리는 구나. 세간의 이런저런 성공과 실패의 삶이라는 것이 산승 손바닥 안에 다 들어있음이라(經云, 十二宮中去復還, 惟有重疊走江山. 世間多少榮枯者, 盡在山僧一掌看)."[17]

3) 육도(六道)와 12성신(星辰)

명도(命圖)

12지지는 『달마일장금』에서 별(星辰)의 명칭과 결합된

17) 『달마일장금』, 일행대사의 말로 사료된다.

다. 하늘의 12별은 동서의 고대 천문학에서 문화마다 다른 이름을 가지고 있지만, 동아시아에서는 12지지를 12별들에 연관시켰다. 또한 『달마일장금』은 불교사상을 한 축으로 가지고 있는데, 이를 나타낸 것이 12지지와 육도의 결합이다.[18]

12지지의 순환에서 서로 마주 보고 있는 대충방(對沖方)의 지지가 한 쌍이 되면, 6개의 묶음이 되는데 이를 육도(六道)에 상응시켰다. 예들 들어, 자수(子水)의 대충방은 오화(午火)이다. 자수(子水)와 오화(午火)는 『달마일장금』의 육도론(六道論)에서 불도(佛道)에 속한다. 이러한 사실은 「불수장결도」와 「명도(命圖)」에서 확인할 수 있다.

12地	子	丑	寅	卯	辰	巳	午	未	申	酉	戌	亥
성신	天貴星 천귀성	天厄星 천액성	天刃星 천인성	天破星 천파성	天奸星 천간성	天文星 천문성	天福星 천복성	天驛星 천역성	天孤星 천고성	天刃星 천인성	天藝星 천예성	天壽星 천수성

18) 육도(六道)에 대한 전체적인 설명은 생략하고, Zoo Book의 해석에 등장하는 경우에 한에 설명하겠다. 육도(六道)의 자세한 내용은 원진랑의 『일장금 명리학』(고려역학출판사, 2010)과 이수의 『이표신기』(장서원, 2012)의 내용을 참고.

① 12지지와 12성신

예를 들어, 자수(子水)는 천귀성(天貴星)인데 천(天)은 하늘이고 뒤의 성(星)은 별이란 뜻이다. 다른 12성신도 그렇게 명칭이 구성되어 있다. 이를 보면, 가운데 글자가 별의 성격을 잘 드러낸다. 천귀성은 "귀함"을 특징으로 가지고 있다. 이런 이유로 보다 간편하게 지지와 성신을 결합한 이름을 만들어, 두 특성이 결합된 명칭을 사용하는 것이 더 좋다.

지지	子	丑	寅	卯	辰	巳	午	未	申	酉	戌	亥
성신	천귀성	천액성	천권성	천파성	천간성	천문성	천복성	천역성	천고성	천인성	천예성	천수성
결합 명칭	**子貴星 자귀성**	**丑厄星 축액성**	**寅權星 인권성**	**卯破星 묘파성**	**辰奸星 진간성**	**巳文星 사문성**	**午福星 오복성**	**未驛星 미역성**	**申孤星 신고성**	**酉刃星 유인성**	**戌藝星 술예성**	**亥壽星 해수성**

8. 지지(地支)의 형충회합(刑沖會合)

1) 지지(地支)의 합(合)

오자술 명식을 해석하기 위해서는 합생과 합작의 관념에 투철해야 하며, 지지들이 어떤 관계를 맺고 있는지에 대해 알아야 한다.

지지의 합은 크게 두 가지이다. 육합(六合)과 삼회(三會)이다. 육합은 음양으로 구분된 12지지가 둘씩 합을 이룬 것이다. 이에 따라 다음과 같은 여섯 개의 합이 이루어진다.

자축합(子丑合)
인해합(寅亥合)
묘술합(卯戌合)
진유합(辰酉合)
사신합(巳申合)
오미합(午未合)

여섯 개의 합이 가진 상징적 의미는 Zoo Book의 본분에서 자세하게 기술되어 있다.

삼회는 방합(方合)과 삼합(三合)으로 구분된다.

방합은 12지지를 사계절에 구분할 때, 같은 계절에 속하는 3개의 지지들을 말하는 것이다. 동아시아에서 계절은 방위와 하나로 합쳐져 있다. 시간과 공간의 일치이다.

동방은 봄이고 木이며, 방합은 인묘진(寅卯辰) 목(木)이다.

남방은 여름이고 火이며, 방합은 사오미(巳午未) 화(火)이다.

서방은 가을이고 金이며, 방합은 신유술(申酉戌) 금(金)이다.

북방은 겨울이고 水이며, 방합은 해자축(亥子丑) 수(水)이다.

방합의 특징은 세 지지가 모인만큼 힘이 강하다는 것이다. 그러나 이 세 지지는 비유하자면 연합국가와 같은 것으로, 각 나라의 정체성은 유지하면서 공동의 세력을 형성하고 있는 것이다. 하지만 삼합은 다르다.

삼합은 사계절의 기운인 동방목, 남방화, 서방금, 북방수 등의 기운이 생겨나고, 자라고 강성해졌다가 쇠락해지고 사라지는 과정과 관련이 있다.

12지지 가운데 자오묘유(子午卯酉)는 가장 정중앙에 위치하고 있다. 이들은 계절의 가장 순수한 기운을 가지고 있는 사정(四正)에 속한다.

북방의 수(水)는 자(子)에서 최고조에 이른다. 수기는 가을에 속하는 신금(申金)에서 생겨나, 북방의 자수에서 최고조를 이루고, 봄의 진토(辰土)에서 종결된다. 그래서 신자진(申子辰)은 수(水)의 삼합이 된다.

이와 같은 논리에 따라 목(木)의 삼합은 해묘미(亥卯未)이다. 목(木)은 해수(亥水)에서 시작하여, 묘목(卯木)에서 최고조를 이루고, 미토(未土)에서 사라진다.

금(金)의 삼합은 사유축(巳酉丑)이며, 금(金)은 사화(巳火)에서 생겨나, 유금(酉金)에서 최고조가 되고, 축토(丑土)에서 사라진다.

화(火)의 삼합은 인오술(寅午戌)이다. 화(火)는 인목(寅木)에서 생겨나고, 오화(午火)에서 극성해졌다가, 술토(戌土)에서 사라진다.

신자진(申子辰) 수(水)
해묘미(亥卯未) 목(木)
인오술(寅午戌) 화(火)
사유축(巳酉丑) 금(金)

삼합의 특징은 연합국가가 아니라 통일국가이다. 세 지지는 하나의 기운으로 통일하기 때문이다.

2) 지지(地支)의 형충파해(刑沖破害)

지지들은 서로 다양한 관계를 형성하는데, 형충파해(刑沖破害)는 파괴, 격동, 동요, 소란, 해로움 등을 일으키는 관계를 가리킨다. 여기에 원진(怨嗔), 귀문(鬼門), 나망(羅網) 등의 관계가 있다.

부정적인 이와 같은 관계는 힘의 크기에 있어서 강약이 있는데, 형충이 강하고 파해가 그 뒤를 따르며, 나머지는 이후의 순위에 있다. 하지만 삶의 여러 사건들을 만들어 내는 작용에 있어서는 어느 것 하나라도 소홀할 수 없다.

다음의 표는 형충파해 및 합의 관계를 한 번에 표시한 것이다. 그 각각의 의미는 본문에서 상세히 설명하고 있다.

	子	丑	寅	卯	辰	巳	午	未	申	酉	戌	亥
子			寅子 引						申子 會		戌子 引	
丑	子丑 合					巳丑 會			申丑 引			亥丑 引
寅		丑寅 引										
卯	子卯 破	丑卯 引			辰卯 害		午卯 破					亥卯 會
辰	子辰 會	丑辰 破	寅辰 爭		辰辰 刑				申辰 合			
巳	子巳 引		寅巳 刑	卯巳 引	辰巳 網							
午	子午 沖	丑午 鬼	寅午 會				午午 刑		申午 引			亥午 引
未	子未 害	丑未 沖	寅未 鬼	卯未 會	辰未 破	巳未 引	午未 合		申未 引		戌未 刑	亥未 會
申			寅申 沖	卯申 鬼		巳申 刑						
酉	子酉 破	丑酉 會	寅酉 怨	卯酉 沖	辰酉 合	巳酉 會	午酉 破	未酉 引		酉酉 刑		
戌		丑戌 刑	寅戌 會	卯戌 合	辰戌 沖	巳戌 鬼	午戌 會		申戌 引	酉戌 害		
亥			寅亥 合		辰亥 鬼	巳亥 沖			申亥 害		戌亥 羅	亥亥 刑

3) 포태법(胞胎法)

Zoo Book 본문에는 '포태'에 대한 이야기가 나온다. 포태법(胞胎法)은 명리학의 고급 이론에 속하는 것으로,

이곳 입문편에서는 그 대강을 소개한다.

사계절의 기운이 자라고 성장하며 쇠퇴하고 갈무리를 하는 과정은 간략하게 삼합(三合)에 나타나 있다. 이 기운을 상세하게 개념화한 것이 포태법이며, 소위 12운성(運星)이라고 하는 것이다.

금(金)의 삼합은 사유축(巳酉丑)이며, 사유축은 금기가 생(生, 생겨남)하고 왕(旺, 왕성함)하고 묘(墓, 종결됨)하는 것을 각각 나타낸다.

지지(地支)의 순행 : 巳 → 酉 → 丑
금기(金氣)의 흐름 : 生 → 旺 → 墓

그러면 금기(金氣)는 자수(子水)에서는 어떤 흐름을 가지고 있을까? 오화(午火)에서는 어떤 흐름이며, 신금(申金)에서는 또 어떤 흐름인가? 삼합을 통해서는 금기의 흐름이 보여 주는 큰 그림을 알 수 있지만, 세부적인 그림은 알 수 없다. 이처럼 세부적인 금기의 흐름을 보려면 포태법을 사용한다.

포태법은 수목화금(水木火金)이라는 사계절의 대표적인 기운이 어떤 과정을 통해 왕성하고 쇠퇴하는지를 알 수 있게 해 준다. 포태법은 한 해의 흐름과 관계가 크기 때문에 12지지처럼 12단계로 나눌 수 있다. 금기의 흐름에 맞춰보자.

12 포태	포 胞	태 胎	양 養	생 生	욕 浴	대 帶	녹 祿	왕 旺	쇠 衰	병 病	사 死	묘 墓
금의 삼합				사				유				축

12 포태	포 胞	태 胎	양 養	생 生	욕 浴	대 帶	녹 祿	왕 旺	쇠 衰	병 病	사 死	묘 墓
금기	인	묘	진	사	오	미	신	유	술	해	자	축

금기의 흐름을 자세하게 알 수 있다. 자수(子水)에서는 사(死)이며, 오화(午火)에서는 욕(浴)이고, 신금(申金)에서는 녹(祿)이다. 12포태가 의미하는 것을 알게 되면, 포태법을 이해할 수 있다.

포태법은 자연의 사물이나 사건의 추이를 포착하는 이론이다. 그런데 이 이론은 의인화되어 표현되고 있는 것이 큰 특징이다. 아마도 이해를 돕고자 하는 선학의 배려였을 것이다.

12포태는 한 개인이 세상에 태어나서 자라고 왕성한 활동을 하다가, 쇠약해지고 결국 흙으로 돌아가는 과정을 담담하게 그리고 있다.

포(胞)는 한 개인이 생겨나기 위한 음양의 교접 직전을 의미한다. 사물의 기운이 맺히려는 직전의 무드를 묘사하고 있다.

태(胎)는 씨로서 모친의 자궁에 착상되는 시점을 의미한다.

양(養)은 모친의 자궁 속에서 무럭무럭 자라는 시점이다.

생(生)은 이제 지상에 태어난 개체의 시작을 알리고 있다.

욕(浴)은 태어난 아이를 목욕시키는 단계이다. 이는 아동기의 성장을 의미한다.

대(帶)는 관대로서 의복을 의미하고, 청소년과 청년의 시기를 의미한다.

녹(祿)은 사회적 일원이 되어 일정한 봉록(salary)을 지급받는 시기이며, 장년기를 의미한다.

왕(旺)은 사회적 성숙이 충분히 이루어져서, 최고의 운기를 맞이하는 성숙한 장년 및 중년기를 의미한다.

쇠(衰)는 최고의 운기를 지나서, 쇠퇴에 접어드는 초입기를 뜻한다. 중년을 지나 노년의 입구에 들어선 시기이다.

병(病)은 노년기를 의미하며, 쇠퇴가 더 진행한 시점을 의미한다.

사(死)는 육체적 죽음을 의미한다.

묘(墓)는 죽음을 지나 무덤에 들어가는 시기이다.

12포태는 이처럼 한 개인의 일생을 매우 간략하게, 발달시기의 특징을 나타낸 것이다. 특이한 것은 사(死)와 묘(墓)의 단계이다. 동아시아에서 죽음은 육체의 활동정지만이 아닌 정신의 흩어짐 까지 포함하는 개념이다. 이는 혼백(魂魄)의 개념을 통해 더 잘 이해할 수 있다.

하늘의 기운인 혼(魂)은 인간에게 정신적 측면을 이루고, 땅의 기운인 백(魄)은 육체적 측면을 이루고 있다. 죽음을 맞이해 혼백은 분리되어, 혼은 원래의 고향인 하늘로 향하고, 백은 땅으로 스며든다. 그러나 백이 땅으로 복귀하는 시간은 혼이 하늘로 돌아가는 시간과 완전히 일치하지 않는다.

그래서 사(死)의 단계는 육체적 죽음이 강조되고, 묘(墓)의 단계는 정신의 죽음을 나타내고 있다. 그런데 불가사의한 것은 묘(墓)의 단계는 새로운 삶의 기운이 모여드는 시작점이기도 한다. 이는 일기(一氣)의 순환이 여환무단(如環無斷)하다고 보는 동아시아인들의 일반적인 생각이자 믿음이며, 상식이자 철학이기도 하다. 시작이 끝이고, 끝이 시작이며, 어디에도 이전과 다른 완전히 새로운 시작과 완전한 종결은 없다.

12포태법은 12지지가 붙박이처럼 순환의 한 지점에 고

정되어 있는 정적인 것과는 달리, 각 계절의 기운에 따라 동적(動的)이라는 특성이 있다. 그래서 예컨대, 금기에서 생(生)에 해당되는 사화(巳火)는 화기의 입장에서는 녹(祿)이며, 목기의 입자에서는 병(病)이고, 수기의 입장에서는 포(胞)이다. 이 관계는 다음처럼 4가지로 보기 좋게 나타낼 수 있다. 이는 각 삼합 오행의 명(命)과 일치한다.

<금명金命>

12 포태	포 胞	태 胎	양 養	생 生	욕 浴	대 帶	녹 祿	왕 旺	쇠 衰	병 病	사 死	묘 墓
금기	인	묘	진	사	오	미	신	유	술	해	자	축

<화명火命>

12 포태	포 胞	태 胎	양 養	생 生	욕 浴	대 帶	녹 祿	왕 旺	쇠 衰	병 病	사 死	묘 墓
화기	해	자	축	인	묘	진	사	오	미	신	유	술

<목명木命>

12 포태	포 胞	태 胎	양 養	생 生	욕 浴	대 帶	녹 祿	왕 旺	쇠 衰	병 病	사 死	묘 墓
목기	신	유	술	해	자	축	인	묘	진	사	오	미

<수명水命>

12 포태	포 胞	태 胎	양 養	생 生	욕 浴	대 帶	녹 祿	왕 旺	쇠 衰	병 病	사 死	묘 墓
수기	사	오	미	신	유	술	해	자	축	인	묘	진

12포태법은 같은 지지라도, 각 명(命)에 따라 다른 의미를 가지고 있음을 보여 준다. 이 때문에 명리는 더욱 다채로워지고, 구체적인 인물 및 사물과 사건의 흐름을 보다 생생하게 설명할 수 있게 되었다.

이러한 12포태법을 기저로 가지고 있는 명리학이 곧 현대의 통합명리학인 오자술이다. 오자술의 이론체계에서 12포태법은 그 가능성이 극대로 발휘되고 있다.

그런데 12포태법은 음과 양으로 구분된다. 여기서 소개한 12포태법은 양에 속한다. 음양이론에서 음양은 서로 구분되지 않는다. 양이 최고조에 이르면, 음이 사라지고,

양이 최고조에서 쇠퇴의 길로 접어드는 순간에 음이 생겨난다. 그래서 양이 생겨나는 곳은 음이 죽는 곳이며, 음이 생겨나는 곳은 양이 죽는 곳이다.

<Zoo Book 오자술판>에서는 양의 12포태만을 다루고, 음의 12포태는 <Zoo Book 팔자술판>에서 다루는 것이 더 효과적일 것 같다. 팔자술의 기준점은 일간(日干)인데, 일간은 양의 일간과 음의 일간이 있기 때문이다. 그러나 오자술의 고급 법수에 이르면, 음양 포태법이 모두 사용된다는 것을 미리 귀띔해 둔다.

혹자는 포태법이 명리의 최고 단계라고 하는데, 일리가 있는 말이다. 포태법의 상징으로부터 구체적인 미래의 사건이 추리되고 예측될 수 있기 때문이다.

<표준 36금수>

子			丑			寅			卯			辰			巳		
연 燕	서 鼠	복 蝠	우 牛	해 蟹	별 鼈	리 狸	표 豹	호 虎	위 蝟	토 兎	단 猯	용 龍	교 鮫	어 魚	선 鱓	구 蚯	사 蛇
제비	쥐	박쥐	소	게	자라	삵	표범	범	고슴도치	토끼	오소리	용	교룡	물고기	드렁허리	지렁이	뱀

午			未			申			酉			戌			亥		
록鹿	마馬	장獐	양羊	응鷹	안雁	묘猫	원猿	후猴	치雉	계鷄	연鳶	구狗	낭狼	시豺	돈豚	저猪	환貛
사슴	말	노루	양	매	기러기	고양이	원숭이	긴팔원숭이	꿩	닭	솔개	개	이리	승냥이	돼지	암돼지	멧돼지

Ⅱ. 응용 이론

* 인트로

36금수를 오자술에 반영하는 근묘화실론根苗花實論 일부를 간단하게 설명하면서 Zoo Book을 열어 보자.

가령 쥐띠생의 어느 명조[19]가 '子子未未'로 생년월일시가 구성됐다 치자. 그렇다면 일시日時의 글자가 같다는 점에서 이 사람이 응당 자시子時 생임을 유추할 수 있다. 따라서 오자로는 '子子未未子'로 명식命式이 정해질 것이다. 12생초에 자子는 쥐(鼠)에 속하고 미未는 양羊이다. 그렇다면 '子子未未子'는 '쥐쥐양양쥐'로 정해진다. 이들 동물 관계의 상관성은 별달리 언급할 내용이 없다.

이게 36금수로 진전되면 자子는 비단 쥐뿐만 아니라 제비(燕)나 박쥐(蝠)로 적용될 수 있다. 그러나 각각의 짐승을 어떻게 별러 적용하는지를 설명하자니 복잡하기 짝이 없다. 이럴 경우는 자가 다른 지지와 맺는 관계에 주목하는 것이다. 다시 말해, 십이지의 각 글자가 어느 글자와 조합되는지에 따라 적용되는 짐승이 달라진다.

이를테면 자子가 축丑을 보면 이것은 '쥐와 소'의 관계로 자子는 곧 쥐(鼠)다. 하지만 자子가 신申을 보면 쥐(鼠)가 될 수도 있고 박쥐(蝠)가 될 수도 있다. 그러니까

19) 명조(命造)는 명식(命式)과 같은 말이다.

자子와 신申은 '쥐와 고양이(猫)', '박쥐와 까마귀(烏)'로 정해진다. 이즈음에서 독자들은 36금수를 각 육친궁으로 응용할 때, 해당 육친 관계를 보다 수월하게 해석해 낼 수 있는 여지를 간파할 수 있을 것 같다. 그렇다면 자子가 미未를 보았을 때는 어떤 짐승들의 관계로 설명될 수 있을까. 답은 '제비와 기러기(雁)'다. 각 글자에 36금수를 적용해서 운명을 파악하는 방법을 찾은 밝혀 기록한 책이 Zoo Book이다.

사유의 단초는 옛사람들이 만든 말이다. 즉 성어成語로 연안대비(燕雁代飛)라는 말을 떠올리면, 제비와 기러기의 관계를 이해할 수 있다. 『회남자(淮南子)』에 나오는 '연안대비'란, "제비가 날아올 때는 기러기가 날아가고 기러기가 날아올 때에는 제비가 날아가 서로 교체하여 각각 다른 방향으로 간다"는 뜻으로, 사람의 일이 서로 어긋남을 이르는 말이다. 그래서 제비와 기러기는 인연이 박하게끔 돼 있다.

∴ 根苗花實(子生)

子子未未子
燕燕雁雁
根苗花實
本父配子
年月日時

『달마일장금』「십이성론(十二星論)」에 자귀子貴가 연월年月에 있으면 조상의 가업을 풍요롭게 하고 가문을 발전시킨다고 했다.[20] 하지만 위의 쥐띠생(子生)은 그렇지가 않다. 먼저 각 글자는 중복되어 일수복배(一數複排)[21]로 육친이 건전치 못하다. 「십이성총론(十二星總論)」에는 '貴驛二重多勞碌'로 자귀(子貴)와 미역(未驛)이 겹치면(二重)하면 '쉴 틈이 없고 평생 노고가 많다'고 했다.[22] 이처럼 각 글자가 중복돼 구성되면 육친 관계부터 탈이 난다. 먼저 나(생년의 子)와 부모형제(생월의 子)는 서로가 배척하는 인연으로 건전한 성장기를 보내기 어려운 셈이 됐다. 다음으로 나와 배우자(생일의 未)는 제비와 기러기의 인연으로 서로 가는 길이 다르다. 부부애는 애당초 거론할

20) 『달마일장금』「십이성총론」. 32조목. "자귀성, 해수성, 인권성이 태어난 연과 월에 있으면, 반드시 조상의 가업을 풍요롭게 하고 가문을 발전시킨다(貴壽權生年月, 必豐祖業而顯門閭)." *『달마일장금』의 한글 번역은 원진랑(『일장금 명리학』, 고려역학출판사, 2010)에서 구분한 조목을 따른다.

21) 일수복배(一數複排)는 예를 들어, 태어난 달(月)이 '1月'일 경우 연주(年柱)와 동일한 지지를 갖게 되는 법칙을 뜻한다. 태어난 날(日)이 '1일', '13일', '25일'이 되어도, 월주(月柱)와 동일한 지지를 가지게 된다. 이런 사실은 순행이든 역행이든 한 번 순환하면, 제자리에 도달하는데, 수리적으로 1이나 13, 25가 이에 해당하기 때문이다. 또한 태어난 시(時)가 자시(子時)일 경우에, 일주(日柱)와 동일한 지지를 가지게 된다. 일수복배(一數複排)는 "일수가 되면 중복되어, 서로 배척"한다는 뜻이다. 복배가 되면 해당 육친은 배척하게 된다. 같은 지지의 기운은 마치 자석의 같은 극이 밀어내는 작용을 하듯이, 척력이 작용하기 때문이다.

22) 『달마일장금』「십이성총론」. 26조목. "자귀성과 미역성이 둘 다 범중하면 노고가 많고 녹녹하며 파산한다(貴驛二重, 多勞碌破)."

바 못된다. 자식(생시의 未)과의 관계도 마찬가지다. 이 또한 제비와 기러기의 연안대비다. 자식을 둔 기쁨은 잠시간에 그치고 만다. 이런 유형에서 굳이 방편方便을 논하자면 처자식과 따로 떨어져 사는 게 상책이다.

그런데 왜 노록勞碌한다고 했을까. 쥐가 현침懸針의 미未를 보면 안절부절못한다. 또 앞의 구절에 연이어 '破若逢文必夭亡'이란 대목을 볼 수 있다.[23] 여기서는 묘卯와 사巳의 관계를 말하고 있는데 묘파卯破와 사문巳文의 관계로 요망夭亡의 현상을 이해하기가 쉽지 않다.

Zoo Book의 논리에 따르면, 이 두 글자를 '토끼와 뱀' 혹은 '오소리(貒)와 뱀'으로 풀 수 있다. 그러니까 이 둘은 서로 먹고 먹히는 관계로 둘 중 하나는 죽어야 하는 운명에 놓인다. 사巳와 묘卯는 포태胞胎로 쌍방이 욕패浴敗에 든다. 뱀도 토끼를 삼킨다. 고슴도치가 뱀 그물에 갇히는 경우도 종종 있다. 뱀을 먹으러 왔다가 자기가 갇힌 격이다. 사정이 이러하니 묘사卯巳 충衝[24]이라 했을 정도다.

하나의 예를 더 들어 보자. 「십이성총론」에 '소년시절 진간辰奸이 중重한 사람은 인색하고 탐욕스러우며 복도 짧다(慳貪而福亦不永)'고 했다.[25] 이 말은 원형리정법元亨

---

23) 『달마일장금』「십이성총론」. 26조목. "만일 사문성을 만나면 반드시 요절한다(若逢文必夭亡)."

24) 충(衝)은 충(沖)과 같이 쓴다.

25) 『달마일장금』「십이성총론」. 29조목. "어린 시절 진간성이 범중한

利貞法에 소년시절은 생월生月의 자리가 주관하므로, 연월年月이나 월일月日이 진진辰辰으로 구성된 경우를 가리킨다. 36금수에 진辰은 용龍, 이무기(鮫), 물고기(魚)로 구분된다. 여기서 진辰이 같은 글자인 진辰을 보면 이무기를 적용하여 명命을 해석한다. 그러니까 진진辰辰의 형刑은 '이무기의 싸움'과 같은 물상이다. 속담에 '용 못된 이무기는 심술만 남더라'는 말이 있다. 또 '용 못 된 이무기 방천防川낸다' 내지 '용 못된 이무기 방천만 무너뜨린다'고 했다. 심하게 말해 되먹지 못한 것은 필시 못된 짓을 한다. 결론해서 진진辰辰은 온당치 않게 고집만 부리는 성향을 암시한다.

∴ 元亨利貞

辰辰■■■

鮫鮫

元亨利貞

春夏秋冬

年月日時

속설에 이무기는 몹시 심하게 다툰다고 했다. 그러니까 진진辰辰이 겹치면 여간 골치가 아니다. 이런 식이면 소

사람은 쩨쩨하고 탐욕스러우며 복도 길지 않다(少年重奸者, 慳貪而福亦不永)."

년기에 보통내기가 아님을 곧 알 수 있다.

이제 각 12성신星辰마다 36금수를 적용하는 법에 대해 간략히 정리해 보겠다. 일단 본명本命(띠)을 기준으로 서술한다. 오자술의 체용體用 구분은 생년生年 본명과 월일시月日時의 타주他柱로 시작된다. 다음으로 오자五字 명식과 세월歲月의 체용 분화가 일어난다. 앞의 체용 구분에는 십중팔구로 통하는 일정한 원칙이 있다.

이를테면 체體인 길성吉星이 용用의 악성惡星을 보면 운기運氣가 나빠진다. 반대로 체의 악성이 용의 길성을 보면 운기가 호전된다.[26] 당연한 얘기로 들리지만 여기엔 보다 깊은 뜻이 담겼다. 명命에 똑같은 두 글자가 성립돼도 결론이 달라지기 때문에 방심할 수 없다. 예컨대 범띠, 인생寅生이 묘파卯破를 보면 허세를 부리는 중명中命이나 하명下命으로 전락하기 쉽지만, 묘생卯生이 인권寅權의 조력을 얻으면 중간 이상의 운명으로 도약할 수 있다. 다시 말해 오복午福이 묘파卯破를 보기 보다는 묘파卯破가 오복午福을 얻는 게 훨씬 유리한 구조다. 전자는 가난해질 우려가 있지만, 후자는 가난을 회복할 수 있는 것이다. 자귀子貴가 신고申孤를 보는 것보다, 신고申孤가 자귀子貴를 보는 것이 더 좋은 점은 더 말할 나위가 없다.

---

26) 길성(吉星)은 자귀(子貴), 인권(寅權), 사문(巳文), 오복(午福), 해수(亥壽) 등이고, 흉성(凶星)은 축액(丑厄), 묘파(卯破), 진간(辰奸), 미역(未驛), 신고(申孤), 유인(酉刃), 술예(戌藝) 등으로 구분할 수 있다.

1. 자명子命

자子가 자子를 보면 먼저 '박쥐'를 연상하면 용이하다. 박쥐는 일반적으로 집단을 형성해서 휴면 또는 동면을 한다. 비단 동종뿐만 아니라 이종異種, 이속異屬과 섞여 서식하기도 하므로 이러한 집단사회성은 타인을 배려하는 사교성으로 나타난다. 우리의 선입견과 달리 흡혈박쥐는 이타심이 매우 강한 동물로 손꼽힌다. 자중계수子中癸水[27]는 음중음陰中陰으로 자수子水가 겹친 사람의 성정은 대략 다정다감하며 원만하고 마음이 여려 우울할 때가 많다. 동양에서 박쥐는 경사와 행운을 안겨주는 복福의 상징이었다. 편복蝙蝠에서 복蝠은 복福(fu)과 동음이자同音異字로 한자문화권에서는 '행복, 행운, 부귀, 장수, 무탈'의 오복五福을 상징한다. 우리의 선조들은 베갯모, 가락지, 가구나 자기류, 그리고 건축 장식 등에 박쥐문양을 새겨 넣었다. 심지어 박쥐의 습성을 본떠 복福자를 거꾸로 메달아 주렁주렁 복이 달리기를 기원했다. 따라서 명命에 자수子水가 가득하면 의식의 풍족함은 보증된다.

자子가 축丑을 보면 '쥐와 소'의 관계다. 쥐는 소의 덕을 본다. 십이생초十二生肖에 쥐와 소가 선두를 다툴 때

27) 자수(子水)의 지장간(支藏干)은 계수(癸水)와 임수(壬水)이다.

부터 쥐는 소의 등에 올라타 기생寄生했다. 바둑의 따라두기 전략과 같다. 포태법에 따르면, 자子는 축丑에서 관대冠帶하기 때문에 쥐가 일등을 했다. 그래서 자子의 궁宮에 놓이는 육친과 축궁丑宮의 육친은 사이가 좋다. 자子는 축丑을 좋아한다. 비록 축액丑厄이라 해도 자子 자체에는 크게 해로운 작용을 미치지 못한다.

자子가 인寅을 보면 '쥐와 여우(狐)'로 본다. 여우와 쥐는 다 같이 영리한 동물이다. 임금의 곁에 있는 간신의 무리나 관청의 세력에 기대어 사는 무리를 이르는 성호사서城狐社鼠란 말이 있다. 직호사서稷狐社鼠라고도 하는데 사社는 토신土神이고, 직稷은 곡신穀神으로 여기서는 토신과 곡신을 모시는 묘당을 뜻한다. 그래서 보통 명命에 자귀子貴와 인권寅權이 함께 하면 지위가 높고 잘 살게 돼 있다.

자子가 묘卯를 보면 '쥐와 오소리'의 관계다. 오소리는 들쥐를 사냥해 잡아먹는다. 자묘子卯의 형刑이 이러하다. 묘궁卯宮의 육친이 불편하고 이 시점에 패하기 쉽다. 자묘子卯의 형刑에 곤랑도화滾浪桃花를 말하는 이유는 성교性交의 물상으로 포착되기 때문이다. 포태법에 따르면, 묘卯는 자子에서 병病이 들므로 성병性病의 추리로 이어지기도 한다. 색난色難의 위험도 상존한다.

자子가 진辰을 보면 먹을 게 많아진다. 명命에 이 두 글자가 있으면 수완가로 볼 수 있다. 제비들을 항상 공중을 날며 먹이를 잡으며, 논이나 습지 주변에 풍부한 작은 곤충들을 쉴 새 없이 사냥한다. 자진子辰은 '저수지의 제비'와 같은 물상이다. 습지는 제비들의 천국과 같다. 진辰은 수고水庫다. 팔자에 자子가 진辰과 축丑을 본다면 쥐는 수고水庫와 북고北庫, 두 군데에 거처를 두고 개구멍에 쥐방울 드나들 듯 한다.28)

자子가 사巳를 보면 '제비와 꽃뱀'의 관계다. 여기에 묘卯나 신申등의 글자가 겹쳐 형刑을 이루면 화禍가 미친다. 『오행대의五行大義』, 『본생경本生經』 등에서 사巳에는 매미(蟬)가 배당됐다. 뱀과 마찬가지로 껍질을 벗는 속성이 있기 때문에 그러한 것이다. 이같이 변태變態하는 곤충은 다 사巳에 속한다. 그래서 자사子巳는 '제비와 매미'의 관계로 볼 수도 있다. 제비는 사巳의 잠자리나 매미를 물어 새끼를 먹인다. 포태법에 따르면, 자子와 사巳는 태胎의 조합으로 신속히 합合을 짓는다. 암합暗合으로 생의生意가 있다는 얘기다. 문제는 여기에 묘卯나 인寅, 신申의 형刑이 들 때다. 상황이 이러하면 이변과 변고가

28) 축丑은 금고金庫이면서 따로 북고北庫라 하고, 미未는 목고木庫이면서 남고南庫라는 이름도 가지고 있다. 음양陰陽의 전체 순환에서 축미丑未의 두 축으로 하여, 음양이 크게 변하는 것이 천도天道의 특징이다. 역학易學에서 보면, 축丑에서는 음陰이 사라지기 시작하고 양陽이 소생하며, 미未에서는 양陽이 사라지기 시작하면서 음陰이 생겨난다.

나타난다. 소위 제비가 꽃뱀에게, 꽃뱀이 제비에게 물린 꼴이 된다. 태형이변胎刑異變이 그런 것이다.

자子가 오午를 보면 일반적 물상 관점에서 취한다. 이를테면 '쥐틀(午)에 치인 쥐'나 '달리는 말에 가하는 채찍(子)' 같은 식이다. 긍정과 부정의 의미가 다 담겼다. 그래서 자오子午의 충沖을 상쇄시키는 인권寅權과 같은 글자가 있으면 복록이 차고 넘친다.[29]

자子가 미未를 보면 '제비와 기러기'의 관계다. 제비가 날아올 즈음 기러기는 떠나는데, 사람이 서로 멀리 떨어져 사이가 두텁지 않고 거리가 있어 어색한 관계를 두고 연안대비燕雁代飛라 한다. 또 제비와 기러기는 늘 서로가 반대의 입장이 되어 만나지 못하니 이를 한탄하는 말이 바로 연홍지탄燕鴻之歎이다. 같은 철새라도 제비와 기러기는 평생 일면식一面識도 없다. 이것이 곧 자미子未 해害요, 원진怨嗔의 관계다. 이 두 글자에 해당하는 육신六神은 도모하는 일이 항상 어긋난다. 포태법에 따라, 제비가 기러기를 만나면 묘지墓地에 들고, 기러기가 제비를 만나면 절지絶地에 들기 때문이다. 명命에 자미子未가 들면 육친의 덕이 박薄하고 고독한 처지에 놓이기 쉽다. 오복午福이 합合하면 번창繁昌한다.

---

29) 자오子午의 충沖에서 인권寅權이 개입하면, 인오회寅午會가 이루어져 충沖을 상쇄시킨다.

자子가 신申을 보면 '쥐와 고양이'의 관계다. 신궁申宮의 육친과 해당 대운大運이 힘겨운 것은 불을 보듯 자명하다.

자子가 유酉를 보면 '박쥐와 솔개'의 관계다. 솔개는 박쥐를 공격한다. 박쥐는 동굴 속에 있을 때가 안전하다. 박쥐의 천적은 매, 수리, 고양이, 올빼미, 족제비 등인데 모두 현침懸針의 글자에 배속된 동물이다. 박쥐는 뾰족한 바늘을 두려워한다. 바늘이 자극하면 박쥐는 미쳐버릴(bats in the belfry) 지경이 된다. 자유子酉의 파破는 주로 수술, 상해 등의 물상物象과 밀접히 연관된다.

자子가 술戌을 보면 '쥐와 개'로 본다. 뒤러(A. Duerer, 1471~1528)의 동판화 「Melancholia I」를 보면 왼쪽 상단 귀퉁이의 박쥐 날개에 '우울증'이란 제목이 새겨져 있음을 알 수 있다. 쥐와 더불어 개는 침울함 그 자체다. 명命에 술戌과 자子가 있으면 대개 멜랑꼬리melancholy한 기질을 품는다. 우울과 불안, 곧 스트레스는 만병의 근원이 된다. 여기에 자유子酉 파破나 축미丑未의 형刑이 가세하면 질환疾患을 피해갈 수 없다. 보통 신경성위장병이 악화되는 경우가 많다.

중세 내내 부정적인 체질로 이해되어 온 '멜랑꼬리아'는 네오플라토니즘Neo-Platonism을 제시한 피치노(M.

Ficino, 1433~1499)에 의해 새로운 해석을 받게 된다. 우울한 체질인 사람은 자신을 광증으로 몰고 가는 바로 그 충동적인 힘 때문에 보통 사람들이 생각할 수 있는 수준보다 더 높은 곳에서 사유한다는 것이다. 그래서 철학, 정치, 시 등에서 뛰어난 인물들 중에는 멜랑꼬리아 체질인 사람이 많다는 것인데, 이런 사람들에게 발작적으로 나타나는 광분상태는 건강을 극도로 해치지만 동시에 그의 영혼을 남들이 다다를 수 없는 상태로 이끌어간다고 했다. 자子와 술戌은 임정壬丁과 무계戊癸의 목화木火로 합화合化돼 정신精神을 이룬다.[30)]

자子가 해亥를 보면 '박쥐와 돼지'로 본다. 이 둘은 수壽와 복福의 상징이다. 명命에 자子와 해亥가 건전하게 자리 잡으면 오래 살고 복을 누리는 경사가 있다.

30) 자子의 지장간支藏干은 임수壬水와 계수癸水이고, 술戌의 지장간은 신금辛金, 정화丁火, 무토戊土 등이다. 지장간이 결합하면, 자중子中 임수壬水와 술중戌中 정화丁火는 임정합壬丁合이 되어 목木을 낳고, 자중子中 계수癸水와 술중戌中 무토戊土는 무계합戊癸合이 되어 화火를 낳는다. 목화木火는 정신精神의 상징이다.

2. 축명丑命

축丑이 자子를 보면 '소(牛)와 쥐'의 관계다. 민화民話에 이 둘은 사이가 좋다. 이들에게는 합(合)이 들었다. 해당 궁宮의 육친은 자연 궁합宮合이 좋다. 속담에 '소가 뒷걸음질 하다 쥐를 잡는다.'는 말이 있는데 자궁子宮의 자리에서 빛을 보는 행운이 있다.

축丑이 축丑을 보면 풍요로운 '목장과 소떼'의 물상이 연상된다. 축丑은 북고北庫다. 그래서 자귀子貴를 끌어들인다. 명命에 축액丑厄은 겹칠수록 의록衣祿이 유여해진다. 다만 질액으로 고생할 수다. 명命에 축액丑厄을 보면 질병으로 고생하기 쉽다. 여기에 술戌과 미未의 형刑이 더해지면 수술을 피하기 어렵다. 암을 뜻하는 캔서cancer는 히포크라테스(Hippocrates, 기원전 460~377무렵)가 암과 같은 악성종양을 카르키노스karkinos라고 기록한 것에서 유래한다. 카르키노스는 게(蟹)를 뜻하는 말이다. 암 종양의 색깔 변화나 암 덩어리가 퍼져나가는 모습이 게를 닮았다고 한데서 붙여졌다. 게는 축丑에 속한다.

축丑이 인寅을 보면 '소와 범'의 관계다. 간방艮方의 합合인 축丑과 인寅은 장간藏干 전체가 암합暗合한다.[31] 해당 궁宮의 육친 관계는 좋다. 근래에 중국에는 호시우보虎視牛步라는 말이 자주 등장하고 있다. 호랑이처럼 날카롭게 쳐다보되 행동은 소처럼 느릿느릿하게 한다는 말이다. 이 말은 아무렇지 않은 듯 천천히 보고 있지만 머릿속에서는 치밀하게 계산을 하고 있다가 결정적인 순간이 오면 곧바로 행동에 들어가는 것을 의미한다. 명命에 축인寅丑을 다 갖추면 예리하면서도 우직해서 의식에 구애됨이 없다.

축丑이 묘卯를 보면 '거북이와 토끼'의 관계다. 거북이와 토끼는 우화의 단짝이다. 고대 소설 『토끼전(鼈兎傳)』과 이솝 이야기의 「토끼와 거북이(The Rabbit and the Tortoise)」가 대표적이다. 승부가 1승 1패다. 민첩하고 영리하기로는 토끼가 한수 위다. 이야기는 여러 이본異本이 존재하는데 대개 자라의 비극으로 결말난다. 은생우해(恩生于害, 은혜는 해로움에서 생겨난다)다. 명命에 축액丑厄과 묘파卯破가 결합되면 대개 망조亡兆다. 여기에 유인酉刃이 가세하면 불리하기 짝이 없다.

축丑이 진辰을 보면 '용궁전의 자라(鼈)' 물상이다. 불

---

31) 축丑의 지장간支藏干은 기토己土, 신금辛金, 계수癸水이며, 인寅의 지장간은 무토戊土, 병화丙火, 갑목甲木이다. 축중丑中 기토己土와 인중寅中 갑목甲木, 축중丑中 신금辛金과 인중寅中 병화丙火, 축중丑中 계수癸水와 인중寅中 무토戊土가 모두 합한다. *간방艮方은 주역 팔괘八卦방위에서 북동쪽을 뜻한다. 축丑과 인寅이 이쪽 방위이다.

교에서 자라는 용궁龍宮으로 인도하는 자다. 용왕龍王에게 충성했지만 핍박받았다. 축진丑辰 파破는 삶의 파란을 예고한다. 축명丑命이 진간辰奸을 보면 자급자족은 한다. 게(蟹)는 어린 물고기(魚)를 잡아먹는다.

축丑이 사巳를 보면 '소와 뱀'의 관계다. 불가에 이런 말이 있다. "같은 물을 마셔도 소에게는 젖이 되고 뱀에게는 독이 된다." 사람 따라 약도 되고 독도 되는 것이다. 성질이 다른 가운데 소와 뱀은 합생合生하는 사이다. 싸움소는 우리 한우답게 체력 보강도 뱀의 보양식을 즐긴다. 뱀은 소의 원기를 북돋는다. 소는 뱀의 독을 무서워하지 않으며 어린 뱀의 독은 오히려 소의 혈청을 왕성하게 해 준다. 축액丑厄이 한결 가벼워지는 조합이다.

축丑이 오午를 보면 '소와 말'의 관계다. 『춘추좌전(春秋左傳)』에 풍마우風馬牛라는 말이 있다. '암내 풍기는 마소'라는 말로 두 가지 의미가 있다. 말끼리 또는 소끼리, 종류가 같아도 거리가 멀어서 모른다는 뜻도 되고, 마소는 종류가 애초에 다르기 때문에 둘이 아무리 바짝 붙어 있어도 모른다는 뜻도 된다. 오복午福은 재액災厄을 소멸시키는 길성吉星인데 축액丑厄에는 전혀 통하지 않는다. 한 마디로 소와 말은 서로 뜻이 통하지 않는다. 축궁丑宮과 오궁午宮의 육친은 불통不通이다. 해당 육친끼리는 일견 잘 지내는듯하다가 결국 반목反目하게 된다.

축丑이 미未를 보면 '소와 양'의 관계다. 귀도鬼道의 이 두 글자는 제사祭祀와 관계가 깊다. 명命에 축미丑未 충沖이 있으면 조상의 덕을 입지 못하는 평균 이하의 명에 그칠 때가 많다. 고대부터 황소와 염소는 함께 속죄 제물로 바쳐졌다. 이것은 축미丑未 충沖의 '물상대체物象代替(fungible)'로 볼 수 있다. 동화 『황소와 야생염소(The Bull and the Wild Goats)』에는 황소를 문전박대하는 염소 얘기가 나온다. 소와 양이 화합했다는 얘기는 좀체 찾을 수 없다. 성정은 순하지만 힘을 모으지 않으니 둘 다 다치기 쉽다. 견우미견양見牛未見羊이라 '소는 보고 양은 보지 않았다'는 뜻인데 무엇이나 보지 않은 것보다는 직접 눈으로 보고들은 것에 대하여 한층 더 생각하게 된다는 말이다. 제齊나라 선왕宣王은 도살장으로 끌려가는 소를 보고 가엾이 여겨 놓아주고 양으로써 대신하라고 명했다. 소는 보았으므로 가엾게 여기고, 양은 보지 않아 가엾은 줄 몰랐기 때문이다. 여기서는 소 대신 애꿎은 양만 죽임을 당하게 된 셈이다. 축丑과 미未는 형刑이기도 하다. 여기에는 별다른 생의生意가 없다.

축丑이 신申을 보면 '게(蟹)와 원숭이'의 관계다. 원숭이는 게를 몸보신삼아 잘 먹는다. 포태법에 따르면, 축丑은 신申에서 욕패浴敗한다. 축명丑命이 신고申孤나 미역未驛, 진간辰奸을 만나면 종내 기반이 흔들리는 불운을 당하기 쉽다.

축丑이 유酉를 보면 '집게 잘린 게(蟹)'의 물상으로 여긴다. 이 사람은 대개 병으로 고생한다. 여기에 묘파卯破가 가세하면 필연 재앙과 질병이 위중해진다. 음식의 물상 대체로 용봉탕을 들 수 있다. 용봉회龍鳳燴는 자라와 닭을 재료로 만든 탕 요리다. 자라는 항우項羽, 우미인虞美人은 닭에 연관 지어 패왕별희霸王別姬라는 별칭이 있다. 자라는 육질이 거의 없는 편이라 통째로 넣어 푹 곤다. 이때 자라의 껍질에서 콜로이드(colloid, 교질)가 나오는데 중국의 고급음식은 대개 교질 재료에 비밀이 있다.

축丑이 술戌을 보면 '소와 개'의 관계다. 무巫에서는 소에 민감하다. 소는 조상과 관련짓는다. 술戌도 얼추 그러하다. 그래서인지 영매靈媒의 팔자에는 축丑과 술戌을 많이 볼 수 있다. 미未의 삼형三刑이 성립되면, 불우한 운명이 될 공산이 농후하다. 승냥이와 이리, 시랑豺狼은 탐욕이 많고 무자비한 사람을 비유해서 쓰는 말이다. 정약용(丁若鏞, 1762~1836)이 쓴 '시랑'이란 시에는 다음과 같은 구절이 있다. "승냥이야 이리야, 우리 송아지 채갔으니, 우리 양일랑 물지 마라." 축술미丑戌未 삼형三刑의 물상이다. 술戌에 축丑과 미未는 죽어난다.

축丑이 해亥를 보면 '소와 돼지'로 본다. 여기에는 전의

戰意가 없다. 해축亥丑은 이상적인 암합暗合이다.[32] 운명의 호전 기미가 있다는 얘기다. 덩치 큰 멧돼지와 황소의 다툼도 가설일 뿐이다. 가축家畜으로 친밀한 공통점이 있으면서도 상반된 성질이 있다. 초식과 잡식이 다르고, 조용하고 시끄러운 차이가 있다. 그런데 해수亥壽를 묘파卯破나 미역未驛이 합작合作하면 사정이 달라진다. 어지러운 형편이 닥친다.

---

32) 해亥의 지장간支藏干은 무토戊土, 갑목甲木, 임수壬水이며, 축丑의 지장간은 기토己土, 신금辛金, 계수癸水이다. 해중亥中 무토戊土와 축중丑中 계수癸水, 해중亥中 갑목甲木과 축중丑中 기토己土가 합한다.

3. 인명寅命

인寅이 자子를 보면 '여우(狐)와 쥐'로 본다. 영물靈物로 명命에 이 두 글자가 있으면 사람들을 지도한다.

인寅이 축丑을 보면 '범(虎)과 소'의 관계다. 간방艮方의 합습인 축丑과 인寅은 장간藏干 전체가 암합暗合한다. 범이 소를 보면 식록食祿이므로 해당 궁宮의 인연 관계는 좋다. 하지만 신고申孤나 미역未驛의 형충刑沖이 들면 일정하게 사는 곳과 하는 일 없이 이리저리 떠도는 운명이 된다.

인寅이 인寅을 보면 '호랑이 무리'의 물상이다. 호랑이나 표범(豹)은 단독이 아니면 사냥에 무리가 따른다. 범과 범은 융합이 쉽지 않은 동물이다. 호불이웅狐不二雄, 여우는 수놈 두 마리가 함께 살지 않는다. 두 영웅이 병립할 수 없는 법이다. 명命에 인인寅寅이 들면 육친 관계가 멀어진다. 권세가 있고 장대해 보여도 실속은 별반 없다. 그러나 인寅이 가득하면 누구도 접근할 수 없는 위엄과 권위가 절로 드러난다.

인寅이 묘卯를 보면 '여우와 토끼'로 본다. 속담에 '토끼 죽으니 여우 슬퍼한다.'는 말이 있다. 여우와 토끼는 일종의 동류의식이 있다. 둘 다 목기木氣의 글자인 까닭인 듯싶다.[33] 인권寅權이 묘파卯破를 보면 슬픈 소식이 있다. 여기에 유인酉刃까지 가세하면 모진 운기를 실감한다.

인寅이 진辰을 보면 '범과 용'의 관계다. 진정한 두 강자가 승패를 다투면 상처와 영광이 있다. 위품은 당당해도 잔인성이 드러난다. 명예에 손상이 가는 국면을 초래할 수다.

인寅이 사巳를 보면 '호랑이와 뱀'의 관계다. 인寅이 사巳를 보면 호두사미虎頭蛇尾가 된다. 처음에는 성하지만 끝이 부진한 형상이기 쉽다. 이때 해수亥壽의 합合이 도우면 지도자로 성격成格될 수 있다. 인권寅權에 사문巳文과 해수亥壽가 비치면 계도啓導적인 성질을 띤다. 신고申孤로 인신사寅申巳 삼형三刑이 되면 '로드킬road-kill을 당한 삵(狸)'의 물상이 나타난다. 종종 삵이 도로에서 차에 치어 죽는 사태가 발생한다. 인寅은 신申에서 절명絶命하고, 사巳를 보면 병病이 든다.

인寅이 오午를 보면 '범과 사슴'으로 본다. 사슴(鹿)은 천자天子의 지위를 상징했다. 권복權福(인권寅權, 오복午福)이 합작合作하면 자연 위권威權과 일호백야(一呼百喏,

---

33) 인묘진寅卯辰은 동방목東方木이며, 방합方合을 이룬다.

한 번 호령에 모든 이가 답한다)의 위풍이 드러난다.

인寅이 미未를 보면 '여우와 양'의 관계다. 거죽은 훌륭하나 실속이 없을 때 양질호피羊質虎皮라는 말을 쓴다. 명命에 이 두 글자가 들면 약간의 허풍虛風이 있다. 호사수구狐死首丘라는 말이 있다. 여우는 죽을 때가 되면 제가 살던 굴 있는 언덕으로 머리를 돌린다는 뜻으로 『예기(禮記)』에서는 그 취지가 인仁으로 설명되었다. 양도 무릎을 꿇어 수유하므로 공손한 동물로 비유했다. 그래서 고귀한 사람들은 무수한 짐승 중에서 여우와 양의 털로 지은 옷을 입는다고 했다. 바로 이 백구白裘, 흰털의 가죽 옷이 인미寅未 귀문鬼門의 종교 물상이다. 인寅이 미未를 보면 입묘入墓되고, 미未가 인寅을 보면 사지死地에 든다. 보통의 귀문이 아니다. 겉과 속이 다른 신앙信仰의 이중성과도 통한다. 여기에 축액丑厄이 들면 풍파가 있다.

인寅이 신申을 보면 '표범(豹)과 원숭이'의 관계다. 인寅과 신申은 쌍방이 절지絶地에 놓인다. 표범(豹)이 원숭이를 곧잘 습격하지만, 비비(狒狒, baboon)로 불리는 개코 원숭이가 격렬한 먹이 사냥을 시작하면 표범도 당하기 일쑤다. 사문巳文이 가세하여 인신사寅申巳의 삼형三刑이 성립되면 배신으로 인한 재산과 명예의 심각한 손상을 당한다. 인권寅權에 형刑이 들거나 흉성이 배합되면, 처자妻子를 극하고 가세가 기운다. 명命에 인신寅申 충沖이

들면 형극荊棘의 길을 헤쳐 나가야 한다.

인寅이 유酉를 보면 '여우와 닭'의 관계다. 여우가 민가를 습격하여 가축을 훔쳐가는 것은 갓 태어난 새끼들 때문이다. 삵(狸)도 꿩(雉)의 새끼를 먹거나 산간벽지의 양계장을 습격할 때면 형편이 좋지 않을 때다. 인유寅酉는 서로가 태지胎地의 재살災煞에 놓이는 불편한 관계로 원진怨嗔이 된다. 인권寅權이 유인酉刃을 보면 피 흘리는 상해를 입을 우려가 있는데, 묘파卯破가 가세하면 더욱 모진 운기를 실감한다. 명命에 신고申孤, 유인酉刃, 묘파卯破가 다 있으면 불구不具가 될 우려가 깊다.

인寅이 술戌을 보면 '범과 이리'로 본다. 인술寅戌이 합작合作하면 그 기세가 낭탐호시狼貪虎視가 되어 위맹威猛이 드러난다. 또한 탐욕스럽다. 승냥이와 이리, 시랑豺狼은 탐욕이 많고 무자비한 사람을 비유해서 쓰는 말이다. 시랑豺狼과 비슷한 말로 난폭亂暴한 사람을 비유한 시호豺虎가 있다. 『본초강목(本草綱目)』에 '호랑이가 개를 잡아먹으면 취한다.'는 말이 있다. 성질이 사나워진다. 승냥이는 체구는 작지만 무리를 이룸으로써 지니고 있는 능력을 최대한 발휘하는데 성공한 진정한 사회적 동물이다. 아시아 지역을 주 무대로 호랑이나 표범과 같은 대형고양이과 동물들이 사냥한 먹이까지 빼앗을 정도로 많은 야생동물들에게 있어서 무서운 존재다. 집단을 이루어 상대가

지쳐 쓰러질 때까지 끈질기게 추적을 멈추지 않기 때문이다. 팔자에 술戌이 많으면 인寅이 다친다.

인寅이 해亥를 보면 '호랑이와 멧돼지'의 관계다. 멧돼지(貛)는 호랑이의 주식이다. 해亥는 인寅을 생生하지만 인寅은 해亥를 병病들게 한다. 이것이 인해寅亥가 먼저 합合했다가 종내 파破하는 선합후파先合後破의 현상이다. 인해寅亥 합合에 사문巳文이 들면 건강하고 학식이 높아 지도자의 자질을 갖춘다.

4. 묘명卯命

묘卯가 자子를 보면 '고슴도치(蝟) 딜레마(Hedgehog's dilemma)'의 추상抽象이다. 자귀子貴는 제일의 길성吉星이지만 묘파卯破에는 형刑으로 별 도움이 되지 않는다. 겨울이 닥치자 추위에 떨던 고슴도치 두 마리가 고민을 시작한다. 서로 가까이 가면 체온을 나눌 수 있지 않을까. 하지만 가까이 다가간 고슴도치들은 상대방 가시에 찔려 상처를 입을 뿐이다. 다시 떨어지자 또 추위에 온몸이 얼어붙는다. 이상이 그 유명한 쇼펜하우어(A. Schopenhauer, 1788~1860)의 '고슴도치 딜레마' 이야기다. 묘卯는 현침懸針의 글자로 쌍침雙針의 모양이라 고슴도치가 가장 닮았다. 묘卯는 자子에서 병病이 든다. 고슴도치는 자월子月에 갈등 속으로 빠지는 것이다.

묘卯가 축丑을 보면 '오소리(貒)와 게'의 관계다. 오소리는 게의 천적이다. 축丑이 묘卯를 보면 병病이 든다. 재물을 모으지만 병들거나 파산한다.

묘卯가 인寅을 보면 '토끼(兎)와 여우'의 관계다. 남송南宋 시대 '양묘진楊妙眞'의 고사故事에서 유래된 말로 호사토비狐死兎悲란 말이 있다. 여우와 토끼는 그 힘의 강약이 차이가 있기는 하지만 사람의 사냥감이 되기는 매한가지이다. 따라서 여우가 죽으면 그 다음 차례는 토끼일지도 모르고, 토끼가 죽으면 여우가 그 다음 차례일지도 모르는 동병상련同病相憐의 처지인 것이다. 여기서 유래하여 호사토비는 남의 처지를 보고 자기 신세를 헤아려 동류의 불행을 슬퍼하는 것을 비유하는 고사성어로 쓰였다. 명命에 묘인卯寅이 들면 해당 육친의 인연이 깊고 재물을 모으나 육친으로 인한 재산의 손실도 적지 않다.

묘卯가 묘卯를 보면 '위축蝟縮'의 물상이다. 외부의 환경에 민감한 고슴도치는 적을 만나면 두려워 몸을 움츠리는데 이를 일러 위축이라 말한다. 이때 재주가 공교工巧하고 조심성이 있으므로 의식은 안정된다. 하지만 명命에 묘卯가 가득하면 육친이 흩어지고 손재와 재앙을 당하며 수명 또한 길지 않다.

묘卯가 진辰을 보면 '오소리와 물고기'의 관계다. 물고기(魚)는 오소리의 먹이다. 진간辰奸은 독성毒性이지만 묘명卯命에는 재물이 된다.

묘卯가 사巳를 보면 '토끼와 뱀'의 관계다. 뱀은 토끼를 삼킨다. 사巳와 묘卯는 서로가 욕패浴敗에 든다. 사정이 이러하니 묘사卯巳 충衝이라 했을 정도다. 묘명卯命에 사巳가 들면 요절하거나 망할 수로 그 뜻이 위중하다.

묘卯가 오午를 보면 '토끼와 노루'의 관계다. 토끼는 사슴(鹿)이나 노루(獐)로 인해 이익을 볼 때가 있다. 오午에서 묘卯는 장생長生한다. 하지만 오午는 묘卯에서 병病을 얻는다. 토끼는 좋지만 사슴이나 노루 입장에서는 불리한 글자 조합이 묘오卯午의 관계다. '축록자불고토逐鹿者不顧兎', 사슴을 쫓는 자는 토끼를 돌아보지 않으니 사슴이 토끼의 생명을 구한 셈이 됐다. 달아나는 노루 보다가 잡은 토끼 놓친다는 속담의 한역인 '견분장방획토見奔獐放獲兎'도 같은 말이다. 토끼가 사슴보다 우월했다면 나타나지 않을 일이다. 따라서 오묘파午卯破하면 손실은 대개 午가 입는다. 예외의 경우도 있다. 오묘午卯 파破의 물상이 그런 것인데 '주장낙토走獐落兎'라 노루를 쫓는 데 가끔은 생각지도 않은 토끼가 걸리는 수도 있다. 재산을 잘 모으지만 어쩔 수 없이 큰돈을 지출해야 할 상황이 더러 있다.

묘卯가 미未를 보면 '토끼와 매'의 관계다. 매사냥을 떠올리면 심히 괴롭고 고생스러운 상황을 감지할 수 있다. 사냥개 다섯 마리와 싸워도 결코 지지 않을 오소리도 매에게는 사냥 당한다. 묘卯는 미未를 감당할 수 없다. 그래서 묘미卯未는 비록 합작合作해도 좋은 결과를 보지 못할 때가 대다수다.

묘卯가 신申을 보면 '토끼와 고양이'의 관계다. 유럽의 동화 『장화 신은 고양이(Le Chat Botté)』는 속임수를 써서 가난뱅이가 된 주인이 부자가 되도록 도움을 준 한 고양이에 관한 이 이야기로 수백 개의 변형이 존재한다. 장화를 신고 가방을 들고 다니는 고양이는 사냥한 토끼를 궁전으로 가져가 바치면서 주인을 부자로 만든 계기를 마련했다. 여기에는 두 가지 키워드가 있다. 하나는 '사냥'이고 다른 하나는 '부자'다. 토끼 입장에서는 한 번의 큰 위기를 맞이한다. 묘신卯申은 음양陰陽의 교접으로 생명을 잉태孕胎한다. 그래서 재물과 연관이 깊다. 다만 여기에 부정이 섞이면 안 된다. 대저 태胎의 조합에 형刑이 들면 이변異變이 속출한다. 더구나 묘신卯申은 귀문鬼門인데 형충刑沖이 들면 변고變故가 있다. 묘신卯申에 자귀子貴나 유인酉刃이 들면 육친에 재앙이 나타난다.

묘卯가 유酉를 보면 '토끼와 솔개'의 관계다. 솔개(鳶)와 조우한 토끼는 얼어붙기 마련이다. 이때 토끼가 자신을 방어할 수단은 별로 없다. 솔개가 토끼를 잡지만 오소리도 꿩과 닭은 덮친다. 이것이 묘유충卯酉沖이 금수禽獸물상이다. 해당 육친궁은 서로 반목反目하게 돼 있다. 동서로 떠돌며 파산을 반복하는 하명이 된다. 특히 여명女命은 더욱 심하다.

묘卯가 술戌을 보면 '토끼와 개'의 관계다. 『전국책(戰國策)』의 「제책齊策」에 나오는 견토지쟁犬兎之爭이란 말이 있는데 개와 토끼의 다투면 양자의 싸움에서 제삼자가 이익을 본다는 뜻이다. 돈은 모으지만 남 좋은 결과만 보기 쉽다.

묘卯가 해亥를 보면 '고슴도치와 돼지'의 관계다. 돼지는 뭐든지 잘 먹어 치운다. 하지만 고슴도치는 건들지 못한다. 저돌猪突도 위축蝟縮 앞에서는 통하지 않는다는 얘기다. 묘명卯命이 해수亥壽를 보면 원조와 식록食祿을 얻는다.

5. 진명辰命

진辰이 자子를 보면 '승천昇天하는 용龍'의 물상이다. 간교하지 않고 정대正大한 기운이 서린다. 『주역(周易)』 건괘乾卦에 잠룡潛龍이라는 말이 있다. 잠룡은 물을 만나 하늘로 승천 할 때를 기다리는 용을 의미한다. '교룡득운우蛟龍得雲雨'라, 교룡이 구름과 비를 얻어 하늘에 오른다는 뜻으로 영웅이 때를 만나 큰 뜻을 이룸을 비유해서 이르는 말이다. 교룡蛟龍이 득수得水하니 용으로 승천할 수 있는 절묘한 타이밍을 얻는다. 진명辰命에 천귀天貴와 천복天福이 도우면 재복이 가득하고 풍요로운 상명이 된다.

진辰이 축丑을 보면 '이무기(蛟)와 자라'의 관계다. 이무기는 물고기를 주식으로 하므로 속설에 양식장 같은 곳에 이무기가 살면 큰 손해가 난다고 믿었다. 그러나 물고기 무리와 함께 자라(鼈)가 있으면 무슨 영문에선지 이무기가 오지 않는다는 것이다. 그러니까 진辰이 축丑을 보면 먹을 게 없어진다. 인색하고 질투가 많은 소인일 공산이 크다.

진辰이 인寅을 보면 '용과 범'의 관계다. 용호상박龍虎

相搏의 다툼이 발생한다. 권세權勢가 있으나 간사한 방편을 쓰고 음흉한 모략을 꾀하는 해가 되는 사람이다. 탐하며 성내는 마음이 가득하니 착한 사람은 아니다. 유인酉刃이 가세하면 더욱 흉포하고 잔인해진다.

진辰이 묘卯를 보면 '물고기(魚)와 오소리'의 관계다. 오소리의 밥 신세가 되는 형국이니 얻을 게 없다. 여기에 축액丑厄이나 묘파卯破, 미역未驛이 가세하면 소인배의 하류에 불과하다.

진辰이 진辰을 보면 '용 못 된 이무기'의 상이다. 속담에 '용 못 된 이무기는 심술만 남는다'고 했다. 또 '용 못 된 이무기 방천防川 낸다'는 말이 있다. 못된 사람은 못된 짓만 한다는 얘기다. 명命에 진진辰辰이 형刑하면 간교하고 다툼이 잦으며 주거가 빈천하며 조상을 욕되게 할 정도라 했다. 진간辰奸이 가득하면 교활한 자로 하류에 속하고 도류徒流의 형액刑厄을 당하며 결국 패敗한다. 진辰이 중重하면서도 오히려 간교하지 않고 언행이 올바르고 당당하다는 설이 있는데, 이것은 명命의 오자五字에서 자귀子貴를 보았을 때에 한限한다.

진辰이 사巳를 보면 '용과 뱀'의 관계다. 용변사龍變蛇가 된 셈이니 어리석어 생각이 어두워지고 끝이 보잘것없다. 이렇게 진辰이 사巳를 보면 라망암래羅網暗昧라 하는데 노어해시(魯魚亥豕, 노와 어, 해와 시 등의 글자가 비슷하여 구별 못하는 무식함)나 어로불변(魚魯不辨, 어와 노를 구별 못 함)이란 말에 담긴 뜻처럼 무식할 수가 있다. 『성서』「구약舊約」에 "강과 바다에 있는 모든 것 중에서 지느러미와 비늘 있는 것은 너희가 먹되 지느러미와 비늘 없는 모든 것은 너희에게 가증한 것이니 너희는 그 고기를 먹지 말라"(「신명기」14장)고 했다. 물고기는 진辰이지만 뱀장어나 메기, 미꾸라지 등의 류類는 다 사巳에 속한다. 고인古人들이 말하길 "술해戌亥는 고독성이요, 진사辰巳는 장애障碍의 패망敗亡성"이라 했다. 술해戌亥나 진사辰巳가 원명原命에 있을 때, 술해戌亥는 진사辰巳의 연年, 진사辰巳는 술해戌亥의 年이 오면 반드시 재해災害가 발생한다는 것이다.

진辰이 오午를 보면 '용과 사슴'의 관계다. 용은 사슴(鹿)의 뿔을 지녔다. 축록逐鹿에서 사슴은 천자天子의 지위를 상징한다. 옛 문헌에 의하면 용은 낙타의 머리, 사슴의 뿔, 귀신의 눈, 소의 귀, 뱀의 목덜미, 잉어의 비늘, 매의 발톱, 호랑이의 발바닥을 지녔다고 하며 물을 다스리는 최고의 동물로 여겨졌다. 진룡辰龍은 오午에서 제왕帝旺에 오른다. 진명辰命이 자귀子貴와 오복午福을 보면 재백財帛이 차고 넘친다.

진辰이 미未를 보면 '물고기와 매'의 관계다. 매는 먹잇감을 발견하면 목표를 놓치지 않고 급강하하여 먹이를 낚아챈다. 높은 곳에서 물속의 먹이를 발견하고 무서운 속도로 물위로 내려온다. 수직강하다. 매는 수면 가까이에 있는 물고기를 거의 첫 시도에 완벽하게 낚아챈다. 현침懸針의 정교함은 미未로 수렴된다. 질투와 시기가 심한 소인으로 이성으로 인한 패가망신의 우려가 있다. 인색하고 가난한 소인에 불과하다.

진辰이 신申을 보면 '물고기와 고양이'의 관계다. 그야말로 고양이(猫) 앞의 생선生鮮 꼴이 됐다. 질투와 시기가 심한 소인으로 이성으로 인한 패가망신의 우려가 있다.

진辰이 유酉를 보면 '물고기와 솔개'의 관계다. 솔개(鳶)의 물고기 사냥도 물수리 못지않다. 하지만 솔개는 원래 육지 맹금猛禽류였다. 서식지 파괴와 먹이 부족으로 숫자가 급격히 줄어 지금은 낙동강 하구 일대에서만 볼 수 있다. 환경변화로 인해 서식 습성, 먹이 습성까지 바뀐 솔개는 먹이를 찾아 바닷가로 갈 수 밖에 없었다. 그러나 집단생활을 하는 갈매기들의 영역에서 솔개가 살아남기란 여간 힘든 게 아니다. 숫자에 밀려 싸움이 되지 않는다. 괭이갈매기의 영역을 침범한 솔개는 저항 한번 해보지 못한 채 쫓겨나고 만다. 민물가마우지나 갈매기 떼가 먹다 흘린 죽은 물고기를 찾아 헤매는 처지로 전락했다. 그러니까 지금은 먹이를 직접 사냥하기 보다는 주로 물가에 죽어있는 물고기나 힘없는 어린 새 등을 먹고 사는 것이다. 결론해서 진辰(물고기魚)에게 유酉(솔개鳶)는 큰 위협이 못된다. 명命에 진유辰酉가 있으면 간사한 방편을 쓰는 잔인한 소인으로 교언영색(巧言令色, 듣기 좋은 말을 하고 낯빛을 꾸밈)하는 무서운 자다. 또 진명辰命에 유인酉刃은 도화桃花의 작용을 일으켜 간통姦通의 의미를 품는다.

진辰이 술戌을 보면 '물고기와 늑대'의 관계다. 늑대(豺)는 불곰처럼 연어(魚)를 낚아챈다. 일생 애쓰지만 변변치 않고 지난날을 후회하고 파란波瀾이 인다.

진辰이 해亥를 보면 '그물에 걸린 물고기'의 물상이다. 辰(물고기魚)은 亥(그물罔)에서 절명絶命한다. 그물에 걸린 물고기는 죽는 일만 남았다. 이처럼 진해辰亥의 귀문鬼門은 생각 이상으로 재앙과 연관된다. 어려움과 시련이 계속된다. 또 원진怨嗔이니 해당 궁宮의 육친 사이는 소원疎遠하다. 민속民俗에 궁합에서 서로 꺼리는 살을 원진(元嗔 ; 元嗔, 大耗)이라 했는데, '쥐띠와 양띠', '소띠와 말띠', '범띠와 닭띠', '토끼띠와 원숭이띠', '용띠와 돼지띠', '뱀띠와 개띠'는 서로 꺼린다고 한다. '子未, 丑午, 寅酉, 卯申, 辰亥, 巳戌'은 다음처럼 시구詩句로 전래되어 왔다.

서기양두각(鼠忌羊頭角, 쥐는 양의 뿔난 것을 싫어한다)
우진마불경(牛嗔馬不耕, 소는 말이 밭 갈지 않는 것에 화낸다)
호증계취단(虎憎鷄嘴短, 범은 닭의 부리가 짧다고 미워한다)
토원후불평(兎怨候不平, 토끼는 잔나비 등이 굽은 것을 미워한다)
용혐저흑면(龍嫌猪黑面, 용은 돼지 얼굴이 검다고 혐오한다)
사경견패성(巳驚犬吠聲, 뱀은 개 짖는 소리에 놀란다)

이중 '묘신卯申, 진해辰亥, 사술巳戌'은 귀문鬼門에도 속하여 명命에 이러한 글자가 자리하면 예민하고 무엇을 할지 종잡을 수 없는 사람이기 쉽다.

6. 사명巳命

사巳가 자子를 보면 '뱀과 쥐'의 관계다. 쥐의 천적은 뱀이다. 또 뱀이 새집을 잘 넘본다는 것은 옛날부터 흔히 알려져 있는 사실이다. 뱀은 제비 새끼(燕雛)들의 가장 무서운 적이 아닐 수 없다. 뱀에게 쥐는 식록食祿이다. 인권寅權이나 오복午福이 도우면 등용문登龍門에 올라 출세한다.

사巳가 축丑을 보면 '뱀과 자라'의 관계다. 뱀은 자라의 상대가 못된다. 자라에게서 볼 수 있는 가장 흥미로운 모습은 물어뜯기. 쇠붙이도 끊어버린다고 할 만큼 물어뜯기 선수인 자라는 구렁이에게 칭칭 몸을 결박당한 상태에서도 구렁이의 머리와 몸뚱이를 무차별 물어뜯기로 가뿐히 물리친다. 여기에 묘파卯破나 신고申孤, 미역未驛을 만나면 부랑자浮浪者의 처지에 놓이기 쉽다.

사巳가 인寅을 보면 '뱀과 여우'의 관계다. 여우는 뱀을 이기지 못한다. 『여우와 큰 뱀(The Fox and the Giant Snake)』은 초등학생들이 즐겨 있는 미국 동화의 제목이다. 그 내용이 대강 이렇다. 여우 한 마리가 나무 밑을 지나다가 잠들어 있는 뱀을 보았다. "이 뱀은 몸이 아주

길고 유연하구나. 내 몸도 뱀처럼 길면 얼마나 좋을까? 그러면 높을 곳에도 아주 쉽게 올라갈 수 있을 텐데." 여우는 뱀의 긴 몸이 부러웠다. 그래서 여우는 뱀 옆에 나란히 누워서 자신의 몸을 길게 늘여 보기로 했다. 조금씩 늘어지는 것 같은 느낌에 신이 난 여우는 더욱 힘을 주면서 몸을 길게 늘였다. 하지만 어느 정도 늘어난 몸은 더 이상 늘어나지 않았다. '해보자! 있는 힘을 다해 늘여보는 거야.' 여우는 숨을 크게 쉬고, 몸을 최대한 길게 늘이기 위해 있는 힘을 다 주었다. 그러자 갑자기 '뚝' 하는 소리가 들렸다. 그만 여우의 허리가 부러지고 만 것이다. 인사형寅巳刑이다. 인寅은 사巳에서 병病들지만, 사巳는 인寅에서 장생長生을 얻는다. 원조의 수혜를 입고 출세할 가능성이 크다.

사巳가 묘卯를 보면 '지렁이(蚯)와 고슴도치'의 관계다. 고슴도치(蝟)는 지렁이를 즐겨 먹는다. 이 두 글자가 각각 욕패浴敗에 놓여 불리한 형상만 가중시킨다. 생업을 작파作破하고 유랑하는 인생이다.

사巳가 진辰을 보면 '지렁이와 물고기'의 관계다. 보잘것없는 것이라도 다 쓸모가 있다는 이인투어以蚓投魚라는 말이 있다. 지렁이를 낚시 미끼로 물고기에게 던진다는 얘기다. 지체遲滯가 있으며 선후先後가 맞지 않고 조상이 방해妨害하고 부부가 불화하는 등의 재앙이 이어진다고 했다. 해亥를 보면 관재官災와 송사訟事가 있다.

사巳가 사巳를 보면 '뱀의 소굴' 물상이다. 『성서(聖書)』에 뱀은 주로 마귀나 사탄satan, 독毒, 간교함 등에 비유됐다. 지식이 사술邪術로 변해 인정받지 못하고 먹을 게 적다. 즉 많이 배우지만 적게 이룬다는 애기다. 또 사문巳文에는 차가운 지성과 따뜻한 감성이 공존한다. 그래서 인지 이성異性의 접근이 많다. 명命에 사문巳文이 많으면 전인全人의 상을 가깝다. 지식과 배움이 많고 귀해질 수 있다. 하지만 사화巳火로만 가득차면 시력을 잃고 처를 극한다.

사巳가 오午를 보면 '뱀의 몸에 사슴의 뿔'을 지닌 용의 형상이다. 예로부터 용은 위인과 같은 위대하고 훌륭한 존재로 비유되면서 왕권이나 왕위로 상징됐다. 자귀子貴와 인권寅權이 도우면 능히 상명上命을 이룬다.

사巳가 미未를 보면 '뱀과 매'의 관계다. 뱀의 대표적 천적은 매(鷹)다. 또 '사냥꾼의 작대기에 눌린 뱀'의 형상이다. 위급한 처지에 놓이기 일쑤다. 축액丑厄, 신고申孤, 미역未驛이 더하면 대패大敗다.

사巳가 신申을 보면 '지렁이(蚯)와 고양이'의 관계다. 고양이가 쥐를 즐겨 먹는 다는 것은 어쩌면 잘못된 상식이다. 보통 흥미의 대상으로 쥐를 잡는다. 고양이는 메뚜

기나 지렁이를 훨씬 더 잘 먹는다. 또 들 고양이(猫)는 유혈목이(蛇)를 사냥해 잡아먹는다. 결정적 시점에서 실패하기 쉽다.

사巳가 유酉를 보면 '지렁이와 새'의 관계다. 지렁이의 천적으로 먼저 새를 꼽을 수 있다. 이따금 위태로운 처지에 놓일 때가 있다. 이 두 글자가 조합되면 문무文武를 겸비하는 뜻이 있다. 그래서 인권寅權이 도와야 크게 출세한다.

사巳가 술戌을 보면 '드렁허리(鱓)와 개'의 관계다. 사巳는 술戌에 입묘入墓한다. 미꾸라지나 드렁허리는 개고기와 상극이다. 잘못 먹으면 토사곽란吐瀉癨亂을 일으킨다. 사술巳戌 귀문鬼門인 까닭일까. 귀문은 팔괘八卦에서 비롯됐다. 팔괘는 지상의 평면에서 응용된다. 여기서 동서불배합東西不配合되는 글자의 조합들이 대개 귀문이나 원진이다. 이 방소方所에서는 인간의 심리적인 변화가 요동搖動하는 곳으로 기이奇異한 심리적 변화가 증폭된다고 봤다. 두뇌와 심리 상태와 밀접한 연관이 있는 살성으로 두뇌 회전이 신속한 반면 심리적인 원인으로 일어나는 신경 기능의 이상(neurosis)을 야기한다. 성적 도착증倒錯症이나 비탄에 빠져 심하면 자살을 감행하는 동기로 작용하기도 한다. 더해서 기인奇人으로서의 성격적 결함을 나타내기도 하고, 또는 대사상가나 예술가의 팔자에서 종종 발견되는 성분으로, 인류 지식과 문화의 혁명적인 성과나 발전을 이끄는 동기로 작용하기도 했다. 특히 귀문이 형충刑沖이 들면 그 작용력을 한층 강화시키므로 행동과 사고에서 특이한 현상으로 나타나게 되고 신상에 중대한 변화가 예고된다. 또한 귀문이 겹치면 신경과민神經過敏으로 고생하거나 상식 밖의 엉뚱한 결정이나 행동을 보이기 쉽다. 명命에 사문巳文과 술예戌藝가 조합되면 비상한 재주나 솜씨는 갖춘다.

사巳가 해亥를 보면 '뱀과 돼지'의 관계다. 한자漢字에 관한 그럴듯한 설이 하나 있다. 지붕(宀) 아래 다른 건 없어도 돼지, 시豕는 살아야 한다는 것이다. 상고시대上古時代에는 뱀이 매우 두려운 존재였다. 아침에 인사말이 "무사호(無它乎)?", 곧 "뱀 없어?"였다. 가장 겁나는 게 잠잘 때 뱀이 기어들어와 해치는 것이었다. 당시 사람들은 이미 뱀과 돼지의 상극相剋 관계를 발견하여 집家에 돼지를 길러 뱀의 침입을 방지했다. 아무리 둔한 돼지도 뱀만 보면 한 입에 잡아먹는다. 해당 궁宮의 육친에 흠결이 나타날 공산이 크다. 서로가 절지絶地에 놓이는 지충支沖의 글자 관계에서는 '왕자충쇠자발旺者沖衰衰者拔'의 상황을 잘 살펴야 한다.[34] 두 글자가 하나의 글자를 충격

34) 명식에 자오충子午沖이 성립되어 있는데, 운에서 오午가 오는 경우, 오오午午는 왕자旺者가 되고, 자수子水는 쇠자衰者가 되어, 쇠약한 자수子水가 '뽑혀나간다'(拔)는 뜻이다.

衝擊할 때 쇠한 한 글자의 육친은 손상을 피하기 어렵다.
문성文星이 천문天門을 보아 영민한 자다.

7. 오명午命

오午가 자子를 보면 '말(馬)과 쥐'의 관계다. 왕충(王充, 27~100?)의 『논형(論衡)』에 '마식서시이복창馬食鼠屎而腹脹'이라 '말이 쥐똥을 먹으면 창자가 꼬인다'고 했다. 정오正午와 자정子正이 정반대에 놓이듯 이 둘은 성질 자체가 다르다. 마음이 격激해 노여운 감정이 북받쳐 오를 때가 많다.

오午가 축丑을 보면 '말과 소'의 관계다. 이 두 동물은 서로 궁합宮合이 맞지 않다. 해당 궁宮의 육친 관계는 건전하지 못하다. 마차에 소와 말을 함께 묶어 끌게 하면 제자리만 뱅뱅 돌고 만다. 서로를 사납게 대하며 각자 다른 방향으로 마차를 끌고 가려 한다. 그래서인지 마우馬牛를 동시에 쓰는 성어에는 예외 없이 보잘것없는 뜻이 담겨 있다. 일례로 학식이 없거나 예의를 모르는 사람을 조롱해 이르는 말로 마우금거(馬牛襟裾, 말이나 소가 옷을 입었다)가 있다. 또 도리에 어긋나는 경우를 두고 뿔이 없는 송아지와 뿔이 있는 말의 뜻으로 동우각마童牛角馬로 비유하기도 한다.

오午가 인寅을 보면 '사슴(鹿)과 호랑이'다. 앞에서 록

鹿은 천자天子를 상징한다고 했다. 그래서 천자의 자리를 중원지록中原之鹿이라 한다. 범의 위권威權이 더하면 대적할 상대가 없다. 여기에 유인酉刃을 보면 화장하천금첩첩(火長夏天金疊疊)의 거부巨富를 이룬다.35)

오午가 묘卯를 보면 '토끼와 사슴'의 관계다. 『회남자(淮南子)』에 "사슴을 쫓는 사람은 토끼를 돌아보지 않고, 천금의 물건을 흥정하는 사람은 푼돈을 놓고 다투지 않는다"는 말이 있다. '축록자불고토逐鹿者不顧兎'란 명예나 욕심에 사로잡힌 사람이 도리를 저버리거나, 눈앞의 위험을 돌보지 않는 경향을 비유한 말이다.36) 오묘午卯가 파破하면 묘卯는 생生을 얻고 오午는 병病든다. 토끼는 살지만 사슴은 죽기 일보직전이다. 간탐慳貪하고 가난해진다.

오午가 진辰을 보면 '용의 뿔'의 물상이다. 사슴은 용에게 뿔을 뺏긴다. 진룡辰龍은 오午에서 제왕帝旺에 오른다. 변화무쌍하고 간계奸計를 부리지만 생각만큼의 의록衣祿을 구하지 못한다.

35) 팔자술에서, 여름철 사월巳月에 태어난 병화丙火 일간日干이 신강身强하고, 금기金氣 재성財星이 중첩되어 있는데, 수기水氣가 없을 경우, 큰 부자가 된다고 해석한다. 인오술寅午戌 화국火局에 유금酉金은 재성財星이다.

36) 본래 "큰일에 뜻을 두고 있는 자는 작은 일에 얽매이지 않는다"는 뜻이지만, 이 뜻이 전위되어서 "명예나 욕심에 사로잡힌 사람이 도리를 저버리거나, 눈앞의 위험을 돌보지 않는 경향"을 비유해서 사용하기도 한다.

오午가 사巳를 보면 '노루(獐)와 뱀'이다. 공주(公州)에서 금강(錦江)을 이십 리 쯤 걸어 올라가면 '인불구人不求'라는 글자가 새겨진 바위가 나타난다. 이 말의 내력이 이러하다. 옛날 한 나무꾼이 홍수가 졌을 때 노루와 뱀, 한 젊은이를 구했다. 후에 노루가 숨겨진 보물을 알려주어 은혜를 갚았지만 젊은이는 나무꾼이 도둑놈이라고 관아官衙에 무고誣告했다. 나무꾼이 옥살이를 하던 어느 날 뱀이 나타나 사또를 물었다. 뱀은 나무꾼에게 풀잎을 주고 사라졌는데 이것으로 나무꾼이 사또의 병을 고쳐 모함을 벗어났다. 이렇게 짐승도 사지에서 구해주면 은공恩功을 갚는데 사람은 도리어 해를 입히니 '사람은 구하지 말라'는 교훈을 담아 바위에 글자를 새겼다고 한다. 명命에 사巳가 오午를 보면 문서가 빛나고 은혜를 입는다.

오午가 오午를 보면 '말과 사슴'의 관계다. 일본어로 바카야로(馬鹿野郎, ばかやろう)는 바보라는 말이다. 즉 "말과 사슴도 구별할 줄 모른다"는 뜻이다. 진秦의 시황제始皇帝는 죽기 전에 장자 부소扶蘇를 불러 장례식을 치르라는 조서詔書를 남겼다. 후계자로 지명한다는 뜻이다. 이때 환관 조고趙高는 조서를 위조하여 후궁의 소생인 호해胡亥를 황제로 만들었다. 조고는 호해를 허수아비로 만들고 승상인 이사李斯를 처치한 다음 스스로 황제에 자리에 오를 야심을 품었다. 그런데 조정의 대신들이 얼마나 자

신을 지지할지가 문제였다. 어느 날 조고가 신하들 앞에서 호해에게 사슴 한 마리를 바치며 '말을 헌상'한다고 말했다. 그러자 호해가 농弄이 심하다며 "지록위마指鹿爲馬라니..."했다. 조고는 정색을 하며 이것은 분명 말이니 믿지 못하면 이 자리에 있는 대신들에게 물어 보라고 했다. 조고를 두려워한 신하들은 '말이 맞다'고 했고 더러는 사슴이라고 말한 신하도 있었다. 조고는 사슴이라고 말한 사람을 모두 기억해 두었다가, 후에 가차 없이 죽였다. 그러자 이후에는 조정에 조고의 뜻을 거스르는 이들이 한 사람도 없게 됐다. 그러므로 사실이 아닌 것을 사실로 만들어 강압으로 인정하게 하거나, 윗사람을 농락하며 권세를 마음대로 휘두를 때를 가리켜 지록위마指鹿爲馬 내지 이록위마以鹿爲馬(사슴을 말이라 여긴다)라 한다. 또 오오午午의 형刑은 수사슴들의 목숨을 건 혈투' 물상이다. 암사슴을 차지하기 위한 수사슴들의 결투는 피를 보고야 만다. 부족한 살림살이에다 다투기까지 하는 바보짓을 한다. 그러나 명命에 오午가 가득하면 만복萬福을 상징한다.

오午가 미未를 보면 '말과 기러기'의 관계다. '말은 달리고 기러기는 난다'는 뜻의 마홍주비馬鴻走飛는 건전하고 생동적인 발전을 상징한다. 홍鴻의 뜻은 크다. 나라를 세우는 큰 사업은 홍업鴻業이다. 큰 명예는 홍명鴻名이라고 한다. 뭇사람의 존경을 받는 이름난 선비를 일러 홍유

鴻儒라 한다. 홍유란 깊은 사색을 거쳐 글을 짓고 체계가 있는 문장을 써내는 특출한 사람 중에서도 더욱 특출한 사람이다. 미未는 곧 붓의 물상을 짓고 큰기러기의 날개는 높고 높은 하늘로 비상할 수 있다. 그래서 중국어로 뛰어난 문필, 문호文豪는 홍필鴻筆이라 했다. 그런데 이 두 글자의 조합은 여러 가지 위험 요소가 있다. 뜻이 높으면 위험한 지경에 놓일 때가 많다. 미未는 남고南庫인데 진간辰干이나 묘파卯破가 가세하면 신고辛苦한 삶을 산다.

오午가 신申을 보면 '말과 원숭이'의 관계다. 신申과 오午는 서로 욕패浴敗에 놓인다. 날뛰는 말과 떠드는 원숭이는 진정시키기 어려운데 번뇌와 정욕情慾으로 마음이 흐트러져 억누를 수 없는 지경을 두고 의마심원意馬心猿이라 했다. 가난한 운명이 된다.

오午가 유酉를 보면 '사슴과 꿩'이다. 사슴과 꿩(雉)은 명당明堂과 관련된 얘기가 많다. 갈록음수형(渴鹿飮水形, 목마른 사슴이 물을 마시는 형국)이니 복치형(伏雉形, 엎드린 꿩의 형국) 따위가 그러하다. 유금酉刃은 악성惡星의 하나인데 오명午命과 미명未命에서는 긍정적 작용을 한다. 여기서 유금酉金은 곧 재물이다. 오午가 유酉에서 장생長生하는 까닭이다.

오午가 술戌을 보면 '말과 개'의 관계다. 말은 개와 짝을 이루어 충忠을 나타낸다. 견마지충犬馬之忠, 혹은 구마지심狗馬之心의 공功이 나타난다. 재주를 인정받고 의식衣食에 구애됨이 없다.

오午가 해亥를 보면 '말과 돼지'다. 말은 뛰고 돼지는 먹는다. 말은 살이 찌지 않지만 돼지는 살찐다. 성질이 다른 두 동물의 글자가 결합되면 상서롭다. 오해午亥는 태지胎地의 조합에다 암합暗合으로 합생合生한다. 마저馬猪가 합合하면 복수福壽, 저마猪馬가 합하면 수복壽福을 상징한다. 세간이 늘고 건강해진다.

8. 미명未命

미未가 자子를 보면 '매(鷹)와 들쥐'의 관계다. 개구리매Harrier는 논둑 위를 낮게 비행하다가 들쥐를 발견하는 즉시 내려앉아 사냥한다. 영국이 자랑하는 수직이착륙 전투기 '해리어'가 곧 '개구리매'를 이른다. 미명未命이 자귀子貴를 보면 먹을 게 많고 꽤 현명한 자로 볼 수 있다.

미未가 축丑을 보면 '양羊과 소'다. 문묘文廟에서 '공자孔子'에게 지내는 제사인 석전대제 석전제釋奠祭에서 조(俎, 도마) 위에 담는 희생으로 양성羊腥, 양머리를 사용한다. 양머리는 유교儒敎의 대표적인 희생물이다. 동양에서 양은 일찍부터 영험한 동물, 영수靈獸로 알려졌다. 소, 돼지와 함께 제물로 쓰였고 고기의 맛이나 질도 그만큼 좋은 상위권의 동물이었다. 유인酉刃이 더하면 형벌을 당할 우려가 깊다.

미未가 인寅을 보면 '매와 호랑이'다. '매와 같은 눈빛에 호랑이 같은 걸음걸이'라는 뜻으로 흉악한 사람의 외모를 형용한 응시호보鷹視虎步라는 말이 있다. 초楚에서 벼슬을 하던 백주려伯州黎는 비무기費無忌의 모함으로 죽임을 당했다. 그의 아들 백비가 오자서伍子胥를 의지해서 오吳나라로 망명할 때 동병상련同病相憐하는 마음으로 받아들였다. 이때 같은 대부인 피리被離가 오자서에게 백비를 평하여 응시호보의 상으로 살인할 관상이니 결코 마음을 허락해서는 안 될 것이라고 조언했다. 오자서는 피리의 충고를 듣지 않았다. 후일에 월나라에 매수된 백비가 모함하여 오자서를 분사憤死하게 했다. 도가道家의 경전인 『음부경(陰符經)』에 '은생어해恩生於害, 해생어은害生於恩'이라 했다. 덕을 베푼 게 오히려 화禍가 되거나 원망이 사무쳐 발복發福의 계기가 되는 사례는 얼마든지 찾아 볼 수 있다. "원수를 사랑하라(But I say to you, love your enemy and pray for those who persecute you. 「마태복음(Mt)」, 5:44)"는 말도 같은 맥락이다. 미명未命이 인권寅權을 보면 조상의 터전을 떠나 옮기기를 거듭하다 사지死地에 드는 수가 있다. 신고申孤를 보면 변방을 떠돌고 평생이 편치 않다. 오복午福이나 자귀子貴의 길성이 조력하면 영화를 누릴 수 있다.

미未가 묘卯를 보면 '매와 토끼'의 관계다. 매는 먹잇감을 사냥할 때 목표물을 직접 공격하지 않는다. 토끼를 사냥할 때 매는 먼저 공중에서 우회 비행을 하면서 충분한 높이를 확보한다. 그런 다음에 높은 위치에서 수직으로 급강하해 아주 짧은 시간에 엄청난 속도와 에너지를 얻는다. 수직으로 낙하하며 얻은 가속도를 지상 가까이에 이르러 곧바로 수평으로 전환하며 스피드를 살려 순식간에 토끼를 덮친다. 직접 공격이 아니라 우회 공격을 통해 더 강력한 힘으로 목표물을 낚아채는 것이다. 이러한 매의 사냥 기술을 가리켜 '우회 축적의 원리'라고 한다. 토끼는 꾀가 많고 영리하지만 매 앞에서는 맥을 못 추고 벌벌 떨기만 할 뿐이다. 미명未命의 묘卯에 해당하는 궁宮의 육친은 상해나 파산을 경험할 공산이 크다. 묘卯는 식록食祿으로 곧잘 의식을 구하는 재주가 있지만 신고申孤이나 축액丑厄를 보면 욕정과 번뇌로 안정하지 못하는 빈천한 신세로 전락하고 만다.

미未가 진辰을 보면 '기러기(雁)와 물고기'다. '어안魚雁'은 물고기와 기러기라는 뜻인데 편지나 통신을 이르는 말이다. 잉어나 기러기가 편지를 날랐다는 데서 유래됐다. 미명未命이 진간辰奸을 보면 반안攀鞍으로 뜻밖의 행운이나 길조吉兆를 암시한다.

미未가 사巳를 보면 '기러기와 지렁이'의 관계다. 기러기는 오릿과에 속하는 철새로 물갈퀴가 있고 잡식성이라 물고기(魚)나 땅에 기어 다니는 지렁이(蚯), 뱀(蛇)까지도 눈에 띄었다 하면 놓치지 않고 잡아먹는다. 미명未命에 사문巳文은 곧 록마祿馬가 된다.

미未가 오午를 보면 '양과 사슴'의 관계다. 예로부터 양과 사슴은 길한 동물로 여겨졌다. 『성서』에도 양과 사슴은 좋은 동물로 묘사됐다. 둘 다 사람을 해치지 않고 성질이 온순하며 누구나 먹을 수 있는 짐승이기 때문이다. 미美, 선善, 의義, 상祥, 선鮮' 등의 좋은 의미를 담은 글자에는 양羊이 속해 있다. 사슴도 마찬가지. '려麗나 경慶, 린麟'에는 록鹿이 들어 있다. 녹봉祿俸이 안정되고 의식이 평안해진다.

미未가 미未를 보면 '풀밭 위에 양떼' 물상이다. 천연스레 풀을 뜯는 양들의 모습은 평화롭다. 명命에 미역未驛이 둘이면 삶이 편안하고 한가롭다. 『성경』에는 '양'이 많이 나온다. 주로 제물로 쓰이고 또는 순종의 인물 대상으로 비유된다. 여호와를 목자로 쓸 때는 예수가 양으로, 예수가 목자일 때는 성도가 양이다. 모두 '목자를 따르고 순종한다'는 뜻으로 쓰이지만 실제 양은 그리 온순하지 않다. 특히 먹을 것 앞에서 욕심을 부리며 다른 동물들이 자기 영역에 침범하지 못하게 한다. 사람도 종종 들이받는다. 피를 뽑았다거나 털을 깎았다거나 좋지 않은 기억을 준 사람을 뒤에서 '쿵'하고 받아친다. 유일하게 친밀하게 굴면서 잘 따를 때는 먹이를 줄 때로 고집도 세다. 숫양들이 다툴 때는 살벌한 기운이 감돌 정도다. 오죽하면 명술命術에 고집과 상신傷身의 대명사로 양인羊刃이란 용어를 썼을 정도다.[37] 명命에 미역未驛이 많으면 싸움이

잦은 하천한 부류에 놓이기 쉽다. 그래도 재운財運은 두터운 편이다. 이때 유인酉刃이나 축액丑厄의 글자를 보면 쟁투로 인한 형벌을 받을 조짐이 깊다. 뜻밖의 재난과 사고를 암시하는 성분이 곧 양인이다.

미未가 신申을 보면 '절벽을 타는 산양'의 물상이다. 몸과 마음이 잠시의 고요함도 얻지 못하니 먼 변방을 두루 다녀 그치니 편치가 않다. 특히 남명男命에 미신未申의 조합은 일정한 거처가 없이 떠돌아다니는 저조한 운기를 실감하게 하는 요인이 된다. 한 곳에 뿌리를 내리기 어렵고 자리를 또 옮겨야 하는 숙명을 타고 난 셈이다. 십중팔구, 미역未驛과 신고申孤, 묘파卯破, 축액丑厄은 사악四惡의 별로 이들이 조합되는 명조는 하명下命으로 전락되기 십상이다. 또 미안未雁이 신고申孤를 보면 '기러기 아빠daddy goose'의 신세를 떠올릴 수도 있다. 기러기는 홀로 되면 평생 재혼을 하지 않고 새끼들을 극진히 키우는 것으로 알려져 있다.

미未가 유酉를 보면 '매와 꿩'의 관계다. 확치자응攫雉者鷹, 꿩 잡는 게 매다. 유인酉刃이 의록衣祿이 된 셈이다. 미유未酉는 예리한 물상이다. 상해傷害다. 그래서 축

37) 양인羊刃은 신살神煞의 종류이다. 팔자술에서, 일간日干과 같은 오행五行의 기氣를 가지고 있지만 음양陰陽이 다른, 육신六神 가운데 겁재劫財를 가리킨다. 보통 재해를 암시하는 흉신凶神으로 간주되고 있다.

액丑厄이 더해지면 형액刑厄이 있다. 하지만 오복午福과 인권寅權, 자귀子貴, 해수亥壽, 사문巳文 등을 만나면 먹을 게 많아진다.

미未가 술戌을 보면 '양과 개'의 관계다. 고사故事에는 양과 개를 싸잡아 하찮은 것에 비유한 예가 많다. 견양犬羊은 곧 '별 볼 일이 없다'는 뜻이기도 하다. 재능이 없는 바탕을 두고 견양지질犬羊之質이라 말한다. 축액丑厄이 겹치면 심한 재액災厄을 면치 못한다.

미未가 해亥를 보면 '양과 돼지'다. 『이솝우화(Aesop's Fables)』에는 '돼지豕와 양'의 이야기가 있다. 짐마차에 실려 가는 돼지와 양, 염소 가운데 유독 돼지만 긴장한 채 소리를 질러댄다. 염소는 젖을 짤 것으로, 양은 털을 깎을 것이라 예상했지만 돼지는 죽을지도 모른다는 공포에 질린다. 이렇게 각각의 입장이 다르고, 서로를 이해하기 어려운 게 인생사다. 내용에 등장하는 마차는 미역未驛의 물상이다. 움직이면 돼지보다 양이 편한 것이다. 미명未命이 해수亥壽를 보면 식신食神을 합작合作해 식록을 갖춘다. 여기에 유인酉刃이 더하면 묘파卯破를 밀어내 의록衣祿이 유여해진다.

9. 신명申命

신申이 자子를 보면 '고양이(猫)와 쥐'의 관계다. 좋은 운수가 닥쳐왔다는 뜻으로 속담에 '주린 고양이 쥐를 만난 듯'이란 말이 있다. 그런데 궁지에 몰리면 쥐도 고양이를 문다. 궁서설묘窮鼠囓猫의 역설이다. 애로는 겪지만 신명申命이 자귀子貴를 보면 귀명貴命이 된다.

신申이 축丑을 보면 '원숭이(猴)의 게'의 관계다. 일본의 5대 민담의 하나인 '사루가니갓센猿蟹合戰' 설화에는 게의 다리와 원숭이 엉덩이의 형상에 관한 유래가 전해진다. 게와 원숭이가 떡을 해 먹기로 하였는데, 떡이 다 되어서 먹으려고 하자 원숭이가 가로채어 나무 위로 올라가 버렸다. 원숭이는 게가 나누어 먹자고 사정하는데도 나무 위에서 게를 놀려 대면서 혼자 먹다가 떡을 땅에 떨어뜨렸다. 게가 그 떡을 얼른 주워서 굴속으로 도망가자, 원숭이는 나무에서 내려와 게의 굴 앞에서 게에게 떡을 나누어 먹자고 사정을 하였다. 그러나 게가 말을 듣지 않자 원숭이는 자신의 엉덩이로 게의 굴을 막고는 방귀를 뀌었다. 그때 게가 앞발로 원숭이의 엉덩이 물어뜯었기 때문에 오늘날까지 원숭이의 엉덩이는 털이 없이 빨갛고, 게 앞발에는 아직도 원숭이 엉덩이의 털이 그냥 붙어 있다는 얘기다. 둘은 원래 친구였다. 그랬다가 원수가 됐다. 무라카미하루키(村上春樹, 1949~)의 『세계의 끝과 하드보일드 원더랜드』에는 '천박한 섬의 원숭이 이야기'가 있다. 천박한 섬에 천박한 원숭이가 천박한 배설을 한다. 천박한 토양에서 자란 천박한 야자에 이르기까지 천박한 순환이 끝없이 이루어지는 얘기다. 화자話者는 어떤 종류의 어두운 부분은 그 자체의 힘으로 자체의 사이클을 통해 점점 커지고, 어느 시점을 지나면 아무도 그것을 멈추게 할 수 없다는 점을 말하고자 했다. 신명申命이 축액丑厄을 보면 척박하고 천박해진다. 여기에 천파天破와 천역天驛, 천간天奸, 천인天刃 등이 가세하면 필시 걸식乞食하는 하명이 된다.

신申이 인寅을 보면 '원숭이와 호랑이'의 관계다. 원숭이가 호랑이를 만나면 불면호구不免虎口의 위험에 처한다. 천귀天貴나 천수天壽가 도와야만 귀격貴格을 짤 수 있다.

신申이 묘卯를 보면 '고양이와 오소리'의 관계다. 오소리(猯) 등의 족제빗과 동물이 호전적이고 사납다는 점에서는 고양이 종류 동물을 능가한다. 여기에 미역未驛의 현침懸針 글자가 겹치면 성정이 더욱 사납고 악해진다. 축액丑厄, 유인酉刃 등이 겹치면 두말할 것도 없이 걸인의 운명이다.

신申이 진辰을 보면 '고양이와 물고기'의 관계다. 물고기를 쥔 고양이, 마네키 네코(lucky cat, まねきねこ)는 일본에서 행운을 부르는 소품이다. 고양이가 한 손을 들고 위아래로 흔드는 것은 '복과 재물을 부른다'는 뜻이다. 일본인들은 고양이 손이 더 높이 올라갈수록 더 많은 복과 재물을 불러온다고 믿는다. 어떤 고양이는 왼손을, 또 어떤 고양이는 오른손을 흔든다. 왼손은 복과 사람을, 오른손은 재물과 금전을 불러온다고 한다. '마네키 네코'는 흰색과 검은색, 갈색 고양이가 대부분이었다. 하지만 현재는 금색, 파란색 등 다양한 색으로 나오고 있다. 일본 사람들은 고양이가 색깔별로 다른 복을 가져다준다고 믿는다. 이를테면 보라색은 성공, 핑크는 혼담, 블루는 합격, 그린은 귀인, 브라운은 출세, 옐로우는 희망, 화이트는 액막이 등인데 다 상술商術이다. 신명申命이 진간辰奸을 보면 반짝 행운에 그칠 때가 많다. 천파天破나 천역天驛, 천액天厄, 천인天刃 등을 보게 되면 하급의 부류를 벗어나지 못한다.

신申이 사巳를 보면 '고양이와 뱀'의 관계다. 보통 고양이가 뱀을 잡는다. 신명申命이 사문巳文을 보면 의록衣祿이 있다. 신申은 사巳에서 생生을 얻는다. 다만 고적하다. 반은 승려고 반은 속인이다.

신申이 오午를 보면 '원숭이와 말'의 관계다. 원숭이와 말은 욕정의 상징이다. 번뇌와 정욕情欲으로 마음이 흐트러지기 쉽다. 욕패浴敗로 수술手術하는 물상이다. 인권寅權과 자귀子貴가 도우면 상명이 된다.

신申이 미未를 보면 '까마귀(烏)와 매'의 관계다. 까마귀는 강력한 공격성을 지녔다. 매(鷹)나 독수리도 까마귀의 텃세에는 속수무책이다. 하지만 단독으로는 매의 상대가 안 된다. 매가 잡아채면 죽임을 당한다. 진간辰奸이나 묘파卯破, 유인酉刃이 더해지면 거지 신세로 전락한다.

신申이 신申을 보면 '까마귀 떼'의 물상이다. 까마귀가 모인 것처럼 질서가 없이 모인 병졸이라는 뜻으로 오합지졸烏合之卒이란 말이 있다. 까마귀 무리는 리더가 없는 단순한 집합체라는 특징이 있다. 속담에 불길한 예감을 주는 사람들이 떼를 지어 다니면 '까마귀 떼 다니듯' 한다고 말한다. 서양에서 까마귀는 언제나 밤의 음산함과 불길한 전조를 몰고 다닌다. 그런데 까마귀는 조류 중 성조가 되면 늙은 어미 새에게 먹이를 물어다 주는 효성스러운 새로도 알려져 있다. 반포지효反哺之孝다. 그래서 신고申孤가 범중해도 자손을 두게 되어 오히려 고독하지 않다는 것이다. 하지만 보통 육친과 무정하고 몸은 속문에 있으면서 마음은 공문에 두는 자라고 했다. 명에 신고申孤가 가득하면 불리하다. 중년에 패재敗財 수가 있다. 먹이와 영역 다툼이 치열해진다. 별반 좋을 게 없다. 부부는 서로 극하고 오랜 기간 가난하고 궁핍한 환경을 벗어나기 어렵다.

신申이 유酉를 보면 '까마귀와 솔개'의 관계다. 까마귀는 떼로 모여 덤빈다. 솔개(鳶)도 종종 당한다. 이 둘은 사이가 좋지 않고 간혹 목숨을 건 싸움을 한다. 철추쇄옥(鐵鎚碎玉, 쇠망치로 옥을 부순다)의 상이다. 유인酉刃과 축액丑厄이 겹치면 수족을 상하는 등 신체에 결함이 나타난다.

신申이 술戌을 보면 '원숭이와 개'의 관계다. 예부터 매우 사이가 나쁜 관계를 일컬어 견원지간犬猿之間이라 일렀다. 하지만 치명적인 타격을 입는 일은 거의 없다. 대개 둘이 으르렁거리며 서로를 경계하다 끝나고 만다. 어쩌면 끝도 한도 없는 싸움이나 대립이 더 고통스러울 수도 있으므로 이 둘의 육친 관계는 바람직하지 않다. 다만 신申은 술戌에서 반안攀鞍에 놓이므로, 인권寅權이나 오복午福이 도우면 발복한다.

신申이 해亥를 보면 '원숭이와 멧돼지'의 관계다. 야생에서 때때로 원숭이와 멧돼지(獾)는 대치할 때가 있는데 보통 원숭이들이 도망친다고 한다. 둘은 사이가 좋지 않지만 크게 다치지는 않는다. 인권寅權과 자귀子貴가 도우면 귀격貴格을 이룬다. 하지만 원숭이가 떼를 이루면 멧돼지를 공격하며 뒤쫓는 적의를 드러낸다. 경經에 "신고申孤의 두 글자가 하나의 해수亥水를 극剋하면 비록 장수해도 실패를 본다"고 했다.[38] 외국의 몇 동물원에서는 원숭이의 히스테리Hysterie가 극에 달해 서로 다툴 때 우리 안에 돼지를 넣는다고 한다. 이때 원숭이들은 일제히 돼지에게 공격을 가하면서 쌓인 스트레스를 해소하게 된다. 유독 많은 동물 중에 돼지를 넣는 이유는 원숭이의 공격에 무심하면서 두꺼운 살로 인해 큰 상처는 입지 않기 때문이라고 한다. 신申과 해亥는 육해六害의 관계로 『천고비전(千古秘傳)』에 신해申亥는 쟁투상해爭鬪相害로 구분해 설명한 대목이 있다. 해당 궁宮의 육친과 불화하고 다투지만 크게 악화되는 법은 드물다.

---

38) 『달마일장금』「십이성총론」. 28조목. "신고성 둘이 해수성을 극하면, 수명은 비록 길어도 파국을 맞이해 패배하고 그릇된 재앙을 부른다(二孤尅壽者, 年雖高而破敗招非)."

10. 유명酉命

유酉가 자子를 보면 '꿩(雉)과 제비'다. 이 둘은 보은報恩의 새로 친밀하다. 치악산雉岳山 상원사上院寺의 전설에서 꿩은 종루鐘樓의 종을 치며 죽음으로 선비와 스님을 살렸다. 『흥부전(興夫傳)』의 제비는 목숨을 살려준 흥부를 부자로 만들었다. 여기에 천권天權과 천복天福을 다 얻으면 자연 상명에 이른다.

유酉가 축丑을 보면 '닭(鷄)과 소'의 관계다. '소 잡는 칼로 닭을 잡는다'는 뜻으로 우도할계牛刀割鷄라는 말이 있다. 또 '소를 삶을 수 있는 큰 가마솥에 닭을 삶는다'는 뜻으로 우정팽계牛鼎烹鷄란 말도 있다. 다 걸맞지 않는 상황을 빗대 이른 말인데 어쨌거나 소가 아니라 닭이 죽음을 맞았으니 닭 입장에서는 비통한 일이 됐다. 유인酉刃이 축액丑厄을 보면 질병에 시달리고 가난해진다. 신고申孤가 겹치면 수술, 상해다. 혹 축액丑厄을 둘 이상 보면 소년기에 이미 패색이 짙다.

유酉가 인寅을 보면 '닭과 호랑이'의 관계다. 속신俗信에 '수탉이 홰를 길게 세 번 이상 치고 꼬리를 흔들면 귀신과 호랑이도 민가에서 물러간다.'는 말이 있는데, 범

(虎)도 닭(鷄)이 물리치는 수가 있다. 유酉가 인寅을 보면 길한 것은 종명곡응(鐘鳴谷應, 종이 울리면 골짜기가 따라 울림)하기 때문이다. 오복(午福)이 도우면 능히 상명을 이룬다.

유酉가 묘卯를 보면 '꿩과 토끼'의 관계다. 토끼의 덫에는 꿩이 걸리기도 한다. 토라치리兎羅稚罹란 그 뜻이 '소인으로 인해 군자가 다친다'는 말이지만, 어쨌거나 여기서는 꿩의 불운을 말하고 있다. 한때의 어려움은 피할 도리가 없다. 신고申孤나 축액丑厄을 보면 크게 다친다.

유酉가 진辰을 보면 '닭과 용'의 관계다. 속담에 '닭의 볏은 될지언정 소의 꼬리는 되지 마라'고 했다. 하지만 닭 벼슬이 아무리 위엄이 있다한들 용의 꼬리에는 미치지 못한다. 유인酉刃이 진간辰奸을 보면 담대하지만 거칠고 잡스러운 데가 있다. 이 사람은 소리장도笑裏 로 웃으면서 칼을 품는다. 만일 신고申孤나 묘파卯破가 가세하면 머리가 잘려 죽을 수도 있다.

유酉가 사巳를 보면 '솔개(鳶)와 뱀'의 관계다. 뱀은 솔개의 먹이가 된다. 무략武略과 문식文識을 갖추고 단정한 용모로 천거를 받는 행운이 따른다.

유酉가 오午를 보면 '독수리(鷲)와 사슴'의 관계다. 독수리는 맹금류猛禽類의 최고 위치에 있다. 도망가는 사슴도 서슴없이 쫓아가 사냥한다. 인권寅權이 더하면 위인이 속되지 않고 의리가 있어 출세한다.

유酉가 미未를 보면 '솔개와 매'다. 속담에 '솔개는 매편'이라는 말이 있다. 형편이 비슷하고 이해관계가 같은 사람들끼리 한편을 듦을 비유적으로 이르는 말이다. 미역未譯은 대개 용用의 영역에서 불리한 작용을 하기 쉬운데, 유인酉刃과는 동조하여 별반 해가 없다. 그러나 축액丑厄이나 묘파卯破를 본다면 필시 하류로 전락한다.

유酉가 신申을 보면 '닭과 원숭이'다. 중국 사람들이 속담처럼 쓰는 '원숭이 앞에서 닭 목을 친다'는 말이 있다. 원숭이가 보는 앞에서 닭의 목을 쳐 피가 뿜어져 나오는 걸 보여 주면 원숭이들이 저절로 겁에 질려 벌벌 떨게 된다는 뜻이다. 일벌백계一罰百戒의 본때를 보인다는 얘기다. 유인酉刃과 신고申孤의 조합에는 이처럼 양금상살兩金相殺의 기운이 서려 일생 가운데 크게 다치는 일이 한번은 발생할 수다. 천파天破와 천액天厄이 겹치면 상해의 우려가 더욱 깊어진다.

유酉가 유酉를 보면 '닭싸움'의 물상이다. 상대가 무너질 때까지 출혈 경쟁을 하는 '치킨게임chicken game'의 형세다. 유유酉酉의 형刑은 승자라도 상처를 입기 마련이다. 장끼의 싸움도 볼만하다. 죽기 살기로 치받는다. 그래서 유인酉刃이 겹치면 필시 상처를 입게 된다. 명命에 삼인三刃 이상이면 권력을 쥐기도 하는데 권력은 총칼에서 나오는 까닭이다. 하지만 유유酉酉의 형刑은 골육상잔骨肉相殘의 물상이다. 가까운 혈족끼리 서로 해치고 죽이는 것이니 요절할 우려가 깊다. 유인酉刃이 범중하면 자선慈善이 많아진다고 했는데 이는 생시가 자시子時에 속하는 경우에 한한다. 예컨대 일시日時의 글자가 중첩되는 범중의 상황은 십중팔구 종내 귀함을 보게 된다.

유酉가 술戌을 보면 '독수리와 늑대'의 관계다. 독수리는 늑대(狼)와 여우도 사냥한다. 늑대와 독수리의 먹이 다툼이 치열할 때가 있다. 뭇 수리가 늑대 한 마리와 공방을 벌이지만 늑대도 사납기가 여간이 아니다. 결국 손해는 늑대가 본다. 늑대는 사냥감을 훔치려는 독수리들이 얄밉다. 맹금猛禽이 맹수猛獸를 따라다니면 굶지 않고 수월하게 먹이를 구할 때가 많다. 유명酉命이 술예戌藝를 보면 의식은 있는 중명中命은 되고, 이때 인권寅權과 오복午福이 도우면 상명을 짠다.

유酉가 해亥를 보면 '닭과 돼지'의 관계다. '닭과 돼지가 한데 어울린다'는 뜻의 계돈동사鷄豚同社라는 말이 있다. 같은 고향故鄕 사람끼리 서로 친목을 도모할 때 쓴다. 이 사람은 몸에 상처가 나고 병이 생겨도 수명은 길다고 볼 수 있다. 또 도세주옥(淘洗珠玉, 보석을 물로 깨끗이

씻어냄)의 상을 지어 귀기貴氣가 나타난다. 다만 해亥와 유酉는 서로가 욕패浴敗에 들어 부정으로 인한 낭패를 보는 수가 있다.

11. 술명戌命

술戌이 자子를 보면 '개(拘)와 쥐'의 관계다. 『여씨춘추(呂氏春秋)』「사용론(士容論)」에는 '쥐 잡는 개' 이야기가 있다. 제齊나라에 개의 관상을 잘 보는 사람이 있었다. 이웃 사람이 그에게 쥐를 잘 잡는 개를 한 마리 부탁하자 일 년 뒤에 사 주면서 말했다. "이 개는 참 좋은 개라오." 이웃 사람은 이 개를 몇 년 동안 잘 길렀으나, 쥐는 한 마리도 잡질 않았다. 사람들이 이런 사실을 알려주자 개 관상을 본 사람이 말했다. "이 개는 정말 좋은 개가 틀림없소. 이 개는 늘 노루나 사슴, 돼지 같은 짐승을 잡을 것을 생각하고, 조그만 쥐 같은 것은 잡을 생각이 없는 것이오. 만약 선생께서 이런 개로 쥐를 잡기를 바란다면 개의 발을 묶어 버리시오." 이 말을 듣고 이웃 사람이 개의 뒷다리를 묶어 버리자 그 개는 집에서 쥐나 잡았다. 개도 꽤나 쥐를 잘 잡는 속성이 있다. 술명戌命이 자귀子貴를 보고 오복午福을 본다면 예술 방면에서 크게 성공한다.

술戌이 축丑을 보면 '개와 소'의 관계다. 개와 소는 광견광우狂犬狂牛의 '광狂'이라는 공통분모가 있다. 소와 개는 평소에 뿔과 이빨을 감추고 있다가 드물게 한번 싸움이 붙으면 둘 다 피를 보고 만다. 신辛의 철쇄개금(鐵鎖開金, 자물통을 여는 열쇠)이 드러나면 언중유골言中有骨, 상해傷害, 의약醫藥, 활인活人 등의 물상을 짓는다. 또 이전투구(泥田鬪狗, 진창에서 싸우는 개들)의 물상이기도 하다.

술戌이 인寅을 보면 '승냥이(豺)와 범'의 관계다. 시랑豺狼과 비슷한 말로 난폭亂暴한 사람을 비유한 시호豺虎가 있다. 이 둘의 무리를 대적할 상대는 찾아보기 어렵다. 위세威勢를 떨친다. 여기에 천복天福이나 천귀天貴가 도우면 관맹상제(寬猛相濟, 너그러움과 엄격함이 서로 조화를 이룸)로 크게 출세한다.

술戌이 묘卯를 보면 '개(拘)와 토끼'의 관계다. 보통 견犬은 큰 개고, 구狗는 작은 개라고 하나 그 구분이 명확하지는 않다. '교토사양구팽狡兎死良狗烹'은 『사기(史記)』「회음후열전(淮陰侯列傳)」에서 한신韓信이 제 처지를 일러 한 말에 나온다. "교활한 토끼가 죽고 나면 사냥개도 잡혀 삶아진다." 묘파卯破는 끝이 좋지 않은 악성惡星이다. 예능 방면으로도 성공하지 못하니 하명으로 그치고 만다.

술戌이 진辰을 보면 '물 밖에 난 고기'의 물상이다. 운명이 이미 결정 나 벗어날 수 없게 된 처지를 이른다. 술예戌藝가 진간辰奸을 보면 하늘을 원망할 정도로 형벌과 패배를 실감할 우려가 깊다. 『여씨춘추(呂氏春秋)』「필기편(必己篇)」에 지어지앙池魚之殃이란 말이 나온다. 춘추春秋시대 송宋나라에 사마司馬란 직을 가진 '환퇴桓魋'는 천하의 진귀한 보석을 가지고 있었다. 그런 그가 어느 날 범죄를 저질러 처벌을 받을 위기에 놓이자 보석을 가지고 종적을 감춰 버렸다. 그의 진귀한 보석은 입소문을 통해 왕의 귀에까지 들어갔다. 왕은 그 보석을 손에 넣어야겠다는 생각에 신하에게 보석을 가져오라고 지시했다. 수소문 끝에 환퇴를 찾아낸 신하는 보석의 행방을 물었다. 환퇴는 '도망칠 때 궁궐 앞 연못 속에 버렸다'는 거짓말로 보석을 빼앗길 위기를 모면했다. 그러나 왕은 연못을 뒤져 보석을 찾으라고 지시했다. 연못의 물을 다 퍼낸 다음 샅샅이 뒤졌지만 보석은 끝내 발견되지 않았다. 연못의 물을 다 퍼내는 바람에 결국 물고기만 재앙을 당하게 됐다는 얘기다.

술戌이 사巳를 보면 '개와 뱀'의 관계다. 뱀과 개는 물고 물리는 일이 있지만 일단은 개가 우세하다. '사경견폐성蛇驚犬吠聲'은 『자미두수(紫微斗數)』의 「안성결(安星訣)」에 나온 말이다. 개가 짖는 소리에 뱀은 경기를 일으켜 허물을 벗다가 죽기도 한다는 얘기다. 일단 사巳가 술戌을 보는 것보다, 술戌이 사巳를 보는 게 낫다. 술예戌藝

가 사문巳文과 해수亥壽를 보면 문장과 영감이 뛰어나다. 명命에 사문巳文과 술예戌藝가 함께 하면 영특하고 솜씨가 좋은 사람으로 간주한다.

술戌이 오午를 보면 '늑대(狼)와 사슴'의 관계다. 사슴은 나뭇잎이나 딸기 같은 열매를 먹고 사는데 종종 먹이가 전혀 남아 있지 않을 때까지 한 곳에 머물러 있다가 죽기도 한다. 사슴은 늑대와 같은 천적天敵이 다가올 때에만 다른 지역으로 도망가서 먹이를 발견하고 살아남기도 한다. 그러니 천적인 늑대가 오히려 목숨을 구해주기도 하는 것이다. 예능 방면으로 성공한다. 여기에 천권天權과 천귀天貴를 더하면 번영된 출세가 보증된다.

술戌이 미未를 보면 '개와 양'의 관계다. 양 머리를 걸어놓고 개고기를 판다는 뜻으로 양두구육羊頭狗肉이란 말을 흔히 쓴다. 한마디로 표리부동表裏不同하단 얘긴데. 겉은 훌륭해 보이나 속은 그렇지 못한 것이다. 앞뒤가 맞지 않으니 술戌이 미未를 보면 형刑의 물상을 짓기 쉽다. 하지만 양치기개(Sheep Dog)와 같이 양떼를 외부의 위협으로부터 보호하는 그림을 떠올릴 수도 있다. 술명戌命이 미토未土를 보면 반안攀鞍에 들므로 종종 행운과 조우하기도 한다.

술戌이 신申을 보면 '늑대와 까마귀'다. 늑대는 단 한

번의 공격으로 상대의 목덜미 정맥을 끊어 놓을 수 있고, 까마귀는 부리로 단 한 번 쪼아 다른 까마귀의 눈을 뚫어 버릴 수 있다. 사나운 기질이 드러나지만 이 둘이 다툴 일은 별로 없다. 경經에 "술명戌命이 신고申孤를 보면 승도의 무리에서 뛰어난 자가 되니 이에 중명中命"이라 했다.[39] 술戌과 신申은 유금酉金을 협挾하여 '사종고즉영향천문(寺鐘敲則影響天門, 절의 종이 울리면 천문에 이르러 영향을 미침)'의 물상을 짓는 까닭에 사찰과 교회를 짓는 숙명으로 볼 수 있다.

술戌이 유酉를 보면 '개와 닭'의 관계다. 축계망리逐鷄望籬, '닭 쫓던 개 지붕 쳐다보듯'이란 속담이 있다. 애써 하던 일이 실패로 돌아가거나 남보다 뒤떨어져 어찌할 도리가 없이 됨을 비유적으로 이르는 말이다. 개는 닭으로 인해 낭패를 볼 때가 많다. 술戌이 유酉를 보면 대략 이러한 상황이 펼쳐진다. 또 '천문天門의 사종寺鐘' 물상이다. 종교성이다.

술戌이 술戌을 보면 '개떼'의 물상이다. 들개 떼들은 자제할 줄 모른다. 승냥이는 하나하나 약해도 무리지어 다니니 범도 무서워하지 않는다. 탐욕貪慾스럽고 악착齷齪같은 성질이 거저 생긴 게 아니다. 흔히 '개떼'라고 깎아

---

39) 『달마일장금』「십이성十二星, 수라도천예성脩羅道天藝星」. "(술예성이) 만일 신고성을 만나면 승려 가운데서 출중한 사람이 될 수 있으니, 중급의 명이다(若逢天孤, 可爲僧道之出類者, 乃中命也)."

내리는 말은 승냥이 떼, 곧 들개 떼를 가리키는 말일 테다. 악당들이 세력을 얻어 권력을 휘두르는 일을 시랑당로豺狼當路라고 한다. 승냥이가 길을 막는다는 뜻이다. 명命에 술戌이 중重하면 완고하고 미련해서 많이 배워도 크게 성공하기는 어렵다는 것이다. 힘을 쓰는 장인이나 노동자 계층이 많다. 술戌이 가득하면 재주가 있어도 성취가 없다.

술戌이 해亥를 보면 '늑대와 멧돼지'의 관계다. 버겁긴 해도 늑대는 멧돼지를 사냥한다. 일설에 술戌은 영기靈氣고 해亥는 학문學問이라 했다. 신험神驗이 학문學問을 초월하는 것일까. 여기에 인권寅權과 오복午福, 자귀子貴 등이 도우면 기예 방면에서도 큰 성공을 거머쥔다. 사문巳文을 보면 문장과 영감이 뛰어나다. 천문天門과 문성文星을 다 갖춘 까닭이다.

12. 해명亥命

해亥가 자子를 보면 '돼지(猪)와 쥐'다. 예로부터 돼지와 쥐는 다산多産과 다복多福의 상징이었다. 행운을 가져온다는 풍수風水 소품에는 새끼를 잔뜩 품은 돼지와 쥐의 형상을 많이 발견할 수 있다. 해수亥壽가 자귀子貴를 보면 쌍어유묵(雙魚遊墨, 한 쌍의 물고기가 묵지에서 노닌다)의 상으로 문장가나 스타일리스트와도 유관하다. 인권寅權과 오복午福을 보면 응당 재액災厄이 사라지고 복수福壽가 면면綿綿해진다.

해亥가 축丑을 보면 '멧돼지(豬)와 코뿔소'의 관계다. 원래 돼지와 소는 다툴 의사가 없지만 더러 먹이를 두고 멧돼지가 코뿔소에게 호되게 당할 때가 있다. 암합暗合으로 재복은 있지만 귀명貴命은 못된다. 묘파卯破가 더하면 손재損財를 본다.

해亥가 인寅을 보면 '멧돼지와 표범'의 관계다. 표범(豹)은 사냥감 중에서 흑멧돼지를 최고의 진미로 꼽는다. 서서히 접근한 뒤 번개처럼 달려들어 공격한다. 해명亥命은 아무래도 인궁寅宮의 육친이 버겁다. 오복午福이 도우면 관대하고 건강하며 평생이 편안하다. 사문巳文을 보면 학식이 높아 지도자로 성장한다. 년월年月에 해수亥壽나 인권寅權, 혹은 자귀子貴가 있으면 필시 조상의 가업을 풍요롭게 하고 가문을 발전시킨다.

해亥가 묘卯를 보면 '멧돼지와 고슴도치'의 관계다. 몸을 둥글게 말고 있는 고슴도치(蝟)는 발로 걷어차도 큰 충격을 받지 않는다. 각각의 가시는 뿌리 부분이 가늘어 유연하게 구부러지므로 충격을 완화시키기 때문이다. 죄다 먹어 치우는 멧돼지도 고슴도치는 그저 물끄러미 쳐다볼 수밖에 없다. 건강을 상하게 되고 재미없는 인생이다.

해亥가 진辰을 보면 '돼지와 용'이다. 일룡일저一龍一猪라는 말이 있다. '하나는 용이 되고 또 하나는 돼지가 된다'는 뜻인데 학문學問의 유무有無에 따라 어질고 어리석음의 차이가 아주 심하게 됨을 이르는 말이다. 타인에게 자신의 아들을 낮춰 말할 때 '미련한 자식'이란 뜻으로 가돈家豚 내지 돈아豚兒로 표현한다. 속담에 '돼지 윈 발톱'이라는 말은 상궤常軌에서 벗어난 언행을 하거나 평소와 다른 행동을 할 때를 비유한 것이다. 일견 청수한 듯해도 소인배적 기질이 있다.

해亥가 사巳를 보면 '돼지와 뱀'의 관계다. '식욕이 왕성한 큰 돼지와 먹이를 씹지 않고 통째로 삼키는 긴 뱀'이라는 뜻으로 봉시장사封豕長蛇란 말이 있다. 보통 탐욕스런 자를 일컬어 쓰는 말이지만 현상은 약간 다르게 나타난다. 주변 환경에 구애됨이 없이 배불리 먹고 편히 쉬는 이기적인 성향으로 나타날 때가 많다. 똑똑한 사람이다.

해亥가 오午를 보면 '멧돼지와 노루'다. 야생동물로 우리 땅에서 가장 잘 살아남은 두 종류는 멧돼지와 노루(獐)다. 환경에 가장 잘 적응하고 있으며 당분간은 멸종될 염려가 없는 짐승이다. 대개 이런 동물들은 서로가 공격하거나 사냥할 의사가 없다. 인권寅權이나 자귀子貴가 도우면 수복강녕壽福康寧한다. 해명亥命에 길성吉星이 비출 때는 유인酉刃이 필요하다. 묘파卯破의 합래合來를 원천적으로 차단해야 하는 까닭이다.

해亥가 미未를 보면 '바다 위를 건너는 기러기'의 물상이다. 기러기 떼는 'V'자 모양으로 이동한다. 날개를 이용해 서로 상승 기류를 만들므로 혼자 나는 것보다 70%는 더 멀리 갈 수 있다. 리더가 힘들어하면 바로 뒤편의 기러기가 전면으로 나선다. 해미亥未의 합작合作은 풍요로운 결과물을 암시한다.

해亥가 신申을 보면 '돼지와 원숭이'다. 돼지와 원숭이 사이에는 묘한 인연이 있다. 이종異種간 장기 이식을 통한 질병 치료 연구에 이 두 동물이 쓰이는 것이다. 원숭이 같은 영장류 이식 실험은 사람에게 적용하기 직전의 최종 동물실험단계다. 돼지는 장기 크기가 사람과 비슷할 뿐 더러 무균 상태에서 사육 가능하고 다산성이며 값이 저렴한 점 등 때문에 이종 이식용 장기의 제공 원으로 국내외서 활발히 연구되고 있다. 특히 다 자랄 경우 300㎏에 달하는 일반 돼지와 달리 다 자라도 성인 체중과 비슷한 70㎏ 정도가 유지되는 미니 돼지가 장기 이식 연구에 주로 활용된다. 해수亥壽는 신고申孤에서 장생長生을 얻는다. 신고申孤는 흉성이지만 해명亥命에 크게 불리하지는 않다. 고립될 때가 있어도 원조를 받아 회생한다. 묘파卯破나 축액丑厄이 겹치면 삶의 애환을 겪는다.

해亥가 유酉를 보면 '돼지와 닭'이다. 야생의 환경에 멧돼지와 노루가 잘 적응했다면 축산 농가에서는 돼지와 닭이 가장 잘 적응됐다. 양돈養豚과 양계養鷄는 축산의 대표적 생업에 속한다. 돼지와 닭은 한데 모여 살며 모진 생명력을 과시해왔다. 명命에 이 두 글자가 있으면 건강하고 단정한 용모가 빛난다. 자귀子貴와 오복午福이 도우면 관용이 넓고 복록이 두텁다.

해亥가 술戌을 보면 '돼지와 개'의 관계다. 미련하고 못난 사람을 일컬어 돈견豚犬이라 하는데, 명命에 이 두 글자가 있으면 세상 물정에 밝지 않아서 어리석은 면이 나타난다. 하지만 사문巳文을 보면 영특英特하다.

해亥가 해亥를 보면 '멧돼지의 대결' 물상이다. 송곳니가 큰 수컷 멧돼지들은 자주 다툰다. 이들의 싸움은 박진감이 넘친다. 주로 암컷과 함께 생활할 영역을 차지하기 위해 전쟁을 치른다. 영역 싸움에서 패한 멧돼지는 도심으로 흘러들기도 한다. 해해亥亥의 자형自刑은 장수하나 복이 없다. 이때는 시심豕心이 나타나 품성이 어리석게 변한다.

경經에 이르길, "자자子子는 결국 귀貴를 허락한다. 축축丑丑은 오히려 액厄이 아니다. 인인寅寅은 장대하고 굳세고 당당하다. 묘묘卯卯는 의록이 평온하다. 진진辰辰은 간교하지 않다. 사사巳巳는 부귀하다. 오오午午는 처를 극하지만 귀함이 있다. 미미未未는 삶이 편안하고 한가하다. 신신申申은 자손이 있다. 유유酉酉는 인정을 많이 베푼다"고 했다.[40]

---

40) 위의 내용은 『달마일장금』「십이성총론」의 다음과 같은 조목에 근거를 두고 있다.

10조목. "여자의 명에 자귀성이 범중한 사람이라도 결국에는 귀함을 보게 될 것이다(女命天貴重者, 終許見貴)."

13조목. "축액성이 시와 일에 중한 사람은 오히려 액이 되지 않는다(厄在時日重者, 反不爲厄)."

16조목. "명에 인권성을 둘 가진 사람은 장중하고 정대하며, 인권성을 셋 가진 사람은 반드시 위권을 드러낸다(命有二權星者, 壯重正大, 命有三權星者, 必主威權)."

17조목. "묘파성을 둘 가진 사람은 의록이 오히려 평온하다(有二天破星者, 衣祿反穩)."

18조목. "진간성이 범중한 사람은 오히려 간교하지 않고 정대하다(奸星見重者, 反不奸而正大)."

19조목. "사문성이 범중한 사람은 부귀하다(文星重者, 主富貴)."

이상은 다 자시子時에 난 사람에 한해서 통하는 내용이다. 이러한 현상이 오자술의 오자五字를 포국하는 술법을 고안하는 일차적 동인動因이 됐다. 술술戌戌은 어떠한가. 이때는 처자를 형극刑剋하는 부정적 의미가 있다. 이것은 술중戌中의 양兩 무토戊土가 자중子中의 계수癸水 하나를 다투기 때문이다. 해해亥亥는 어떠한가. 품성이 어리석고 둔하다고 했다. 하지만 비록 우매한들 자식 덕이 전혀 없는 게 아니다. 시주의 해亥는 불발이나 생시(다섯 번째 주柱)의 자子는 귀자貴子에 속한다.

20조목. "오복성이 둘인 사람은 처를 극하나 귀함을 본다(二福者, 尅妻而見貴)."

21조목. "미역성이 둘인 사람은 오히려 삶이 편안하고 한가롭다(二驛星者, 反生安閑)."

22조목. "신고성이 둘인 사람은 자손이 있다(二孤星者, 有子孫)."

23조목. "유인성이 둘인 사람은 매우 자비롭고 선량하다(二刃星者, 多慈善)."

<표준 36금수>

子			丑			寅			卯			辰			巳		
연 燕	서 鼠	복 蝠	우 牛	해 蟹	별 鼈	리 狸	표 豹	호 虎	위 蝟	토 兎	단 猯	용 龍	교 蛟	어 魚	선 鱓	구 蚯	사 蛇
제비	쥐	박쥐	소	게	자라	삵	표범	범	고슴도치	토끼	오소리	용	교룡	물고기	드렁허리	지렁이	뱀

午			未			申			酉			戌			亥		
록 鹿	마 馬	장 獐	양 羊	응 鷹	안 雁	묘 猫	원 猿	후 猴	치 雉	계 鷄	연 鳶	구 狗	낭 狼	시 豺	돈 豚	저 猪	환 貛
사슴	말	노루	양	매	기러기	고양이	원숭이	긴팔원숭이	꿩	닭	솔개	개	이리	승냥이	돼지	암퇘지	멧돼지

原著 : 李修
명리학자
編著 : 李昌壹
한국학중앙연구원 고전학연구소 수석연구원

184 zoo book 오자술편

줄라지컬훼이털리즘(오자술판)

초판 1쇄 2013년 2월 27일
초판 2쇄 2018년 1월 19일
원저 이수(李修),
편저 이창일(李昌壹),
펴낸이 장석홍
펴낸곳 도서출판 장서원
주 소 서울 용산구 한강대로 88길 21-5 (201호)
전화 703-5362 팩스 713-7436
등록 제 03-01213호
E-mail shjang1011@hanmail.net

정가 15,000원